Una Sola Carne

TAMBIÉN POR ROBERTO HERNÁNDEZ

REENCUENTRO CON JESÚS

El Secreto de

Una Sola Carne

Para un Matrimonio Bendecido

ROBERTO HERNANDEZ

WESTBOW®
PRESS
A DIVISION OF THOMAS NELSON
& ZONDERVAN

Editora General: G. Nery Schlenker Espinoza
Traducción: G. Nery Schlenker Espinoza

Puede hacer pedidos de libros de WestBow Press en librerías o poniéndose en contacto con:

WestBow Press
A Division of Thomas Nelson & Zondervan
1663 Liberty Drive
Bloomington, IN 47403
www.westbowpress.com
1-(866) 928-1240

ISBN: 978-1-4908-3015-5 (tapa blanda)
ISBN: 978-1-4908-3016-2 (libro electrónico)

Numero de la Libreria del Congreso: 2014904819

Impreso en los Estados Unidos de América.

Fecha de revisión de WestBow Press: 03/25/2014

Contenido

Nota al Lector

Tomando en consideración la riqueza y variedad de nuestro idioma, en la producción de este material literario se han utilizado las herramientas disponibles provistas por la Lengua de la Real Academia Española. Si alguna palabra, término o expresión utilizada le es desconocida, le invitamos a consultar las herramientas que la Real Academia Española tiene a disposición o puede ponerse en contacto con nosotros.

G. Nery Schlenker-Espinoza

Agradecimientos

Quisiera agradecer a mi Señor y Salvador Jesucristo. Sus palabras en Juan 10:27 cobraron vida en mí cuando me sometí a Él por completo: "Mis ovejas oyen mi voz; yo las conozco y ellas me siguen". Gracias Señor por darme la capacidad de escuchar Tu voz. Gracias por darme este mensaje y concederme la posibilidad de ponerlo por escrito. Sin Ti, no podría haberlo hecho. Te amo más de lo que las palabras pueden expresar. A ti sea toda la honra, alabanza y gloria por los siglos de los siglos.

Dios, tu sabes todas las cosas. Tú sabías que no era bueno para mí el estar solo, que iba a necesitar a alguien y creaste la ayuda idónea para mí, creaste a mi esposa y al hacerlo me mostraste que eres el casamentero divino.

A Gloria mi hermosa esposa desde hace catorce años, gracias por amar al Señor como solo tú lo haces. Ser testigo de cómo le amas ha hecho que mi amor por Dios se intensifique. Es por ello, que ambos estamos apasionados por Él. Esposa mía, tú haces que mi vida sea completa. Gracias por amarme como soy. Con la ayuda de Dios, hemos recorrido un largo camino—y nos hemos convertido en *una sola carne*—Te amo.

A mi pequeña princesa Krystin, como siempre tú eres mi alegría y un tesoro de lo alto, te quiero tanto. Tú eres el fruto de la unidad entre tu madre y yo. Gracias por ofrecerte a ayudar con la transcripción de este libro en tu computadora portátil. ¡Me encanta lo que escribes, sigue con el buen trabajo!

Para todos aquellos que compartieron conmigo un lado íntimo de sus vidas y me han permitido contar sus historias, gracias. Que Dios continúe bendiciendo sus vidas, sus matrimonios y a sus familias.

Un agradecimiento especial a todo el personal en WestBow Press. Gracias por su apoyo profesional así como por su amabilidad e infinita ayuda. Gracias por apoyarme a compartir este mensaje.

Para todos aquellos que están comprometidos para casarse, para los que están pensando en el matrimonio así como para los que están casados, que el Señor nuestro Dios les continúe guiando a ser *una sola carne*.

Introducción

Las ideas que defiendo no son mías, la tomé prestadas de Sócrates.
Las escamoteé de Chesterfield. Se las robé a Jesús. Las puse en un
libro. Si no le gustan sus ideas, ¿cuáles preferiría utilizar?

—DALE CARNEGIE

*H*ay un dicho muy conocido: "La experiencia es la mejor maestra...". Ésta es una expresión común, pero en realidad este dicho tiene una segunda parte que muchos tal vez nunca han oído. La segunda parte es como sigue: ". . . cuando es la experiencia de otra persona". Resumiendo, "La experiencia es la mejor maestra cuando es la experiencia de otra persona".

La sabiduría incluye el aprender de los errores ajenos, el aprender de los errores cometidos por otros, lamentablemente, muchas veces no actuamos sabiamente sino con insensatez. Deseamos sentir, experimentar, hacer nuestro propio camino en lugar de seguir las huellas de aquellos que nos antecedieron o al menos tomar en cuenta sus experiencias pasadas.

La Biblia, es un libro lleno de valiosa información que contiene historias acerca de la vida de personas de las cuales podríamos aprender mucho. Podríamos aprender tanto de sus bendiciones como de sus desilusiones, de sus castigos así como de sus recompensas, de su condenación como de su perdón. Cualquier situación por la que esté pasando, alguien ya la pasó y lo más probable es que lo ocurrido esté registrado en la Biblia. En este libro sagrado podemos encontrar numerosas historias de errores y decepciones que fueron parte de la vida de personas de diversos tipos y clases. Todo lo acontecido está escrito de modo que podamos aprender y evitar el cometer los mismos errores.

Mientras estaba hablándole a uno de mis amigos acerca de Dios y de la Biblia éste me dijo, "Estaba preguntándome, por qué la Biblia contiene tantas cosas negativas. No deberían haber ejemplos de muerte, adulterio, brujería y cosas similares." Luego añadió, "Creo que la Biblia debería solo presentar historias alegres, motivadoras y positivas".

Mientras le escuchaba, me dije a mí mismo *No puedo creer lo que estoy oyendo. ¡Mi amigo tiene aún mucho por aprender!"* En ese momento me di cuenta que a pesar de él ser una persona que leía la Biblia de vez en cuando, ser miembro y líder de una iglesia local, era un bebe en el entendimiento de la Palabra y los misterios de Dios.

Hablando en voz alta, le dije: "Entiendo tu punto de vista. Es cierto que cuando pensamos en la Biblia, esperamos leer en ella acerca de las maravillas, revelaciones, historias estimulantes, edificantes, y todo tipo de cosas positivas. Pero eso es sólo parte de lo que hace que la Biblia sea un libro único. La Biblia también incluye la vida de personajes que tuvieron que lidiar con derrotas y decepciones reales. Es la perfecta Palabra de Dios."

En la Biblia, se encuentra todo acerca de la vida y lo que ella tiene para ofrecer, y esto incluye historias sobre errores cometidos por personas que nos han precedido. Tanto lo bueno como lo malo está expresado en ella de modo que podamos aprender y obtener sabiduría sin importar por la situación que estemos pasando. La

Biblia es como una pieza orquestada de manera que tenga sentido desde el principio hasta el final. ¡Es realmente una obra maestra! Aunque fue escrita por gente común, la Biblia es la palabra de Dios diseñada e inspirada por Él.

La Biblia está compuesta de sesenta y seis libros escritos por aproximadamente cuarenta autores diferentes. Cada escritor, cada personaje, cada capítulo, y cada palabra apuntan a un solo objetivo, y ese es el mostrar cómo Jesús nos enseña a vivir. Es la verdad viviente de un Dios Todopoderoso quien nos revela cómo desea que vivamos nuestras vidas. Es una guía, un mapa, una lámpara. Es la Palabra de Dios y ultimadamente es la vida de nuestro Señor y Salvador Jesucristo. Él es el protagonista y personaje principal de principio a fin.

Puede preguntarse por qué tenemos que leer acerca de Abraham teniendo un hijo fuera de su matrimonio, la desobediencia de Sansón, el adulterio y el asesinato de Urías de parte del Rey David, o el abuso de la gran sabiduría de Salomón en sus últimos años. Estos eventos están lejos de ser considerados positivos y la lista de historias similares continúa. Ciertamente son relatos negativos, pero están registrados para que aprendamos de ellos. Al igual que los personajes de la Biblia, solo somos humanos, y no importa nuestra posición en la vida, si no estamos conectados con el Señor, podemos fácilmente ceder a la tentación, desolación o depresión. Todo lo anterior, conduce al pecado y finalmente a la muerte, *porque la paga del pecado es muerte*. En la Biblia, leemos que todos somos pecadores, que Dios miró a la tierra para ver si podía encontrar por lo menos una persona que hiciera el bien, pero no encontró a nadie.

Todo comenzó en el Jardín del Edén, así que voy a llevarle a ese magnífico día de la creación, cuando Dios creó a Adán, el primer hombre. Dios amaba a Adán y lo puso en un lugar especial, dándole dominio sobre los peces del mar, las aves del cielo, el ganado y otros animales, así como sobre todos los animales silvestres. Dios le dio a Adán dominio sobre todo lo que había creado en la tierra, le hizo gobernador y guardián de su creación.

Después de ver a Adán solo, dijo el Señor Dios: "No es bueno que el hombre esté solo. Haré una ayuda ideal para él" (Génesis 2:18). Entonces el Señor Dios tomó una costilla del lado del hombre e hizo de ella una ayuda idónea para Adán. Luego de presentársela a Adán, el divino y santo matrimonio fue establecido. Dios dejó solos al varón y la mujer. Esto explica por qué el hombre deja a su padre y a su madre y se une a su mujer, para convertirse en *una sola carne.*

La palabra clave aquí es *convertirse* o *llegar a ser.* En este libro, vamos a concentrarnos en el proceso de convertirse o de llegar a ser uno con ese cónyuge que Dios ha provisto para nuestra vida. Este libro contiene historias de personajes bíblicos así como de otras personas que comparten con nosotros sus errores, sus procesos de recuperación así como sus victorias de modo tal que podamos aprender de ellos. Mi oración es que el Señor abrirá su corazón y su mente para comprender y aprender de los errores de los demás de modo que pueda evitar el cometerlos. Sin embargo, si decide hacer caso omiso a estas lecciones de vida que otros aprendieron en su caminar por ella es su decisión. Déjeme decirle algo que le ahorrará tiempo y dinero: decida aprender de los errores de los demás.

Sea bendecido en su camino hacia convertirse en *una sola carne.*

Capítulo 1

Una Sola Carne

*H*ace más de nueve meses, mientras escribía el libro *Mi Reencuentro* y traducía al español, mi primer libro, *Reencuentro con Jesús*, me di cuenta de que el Señor estaba dándome una gran cantidad de información acerca del matrimonio sembrando otro libro en mi corazón. Fue así como comencé a escribir la nueva información e instrucción que Él me estaba dando con relación a este tema, y déjenme decirles, lo asombrosa que ha sido esta experiencia. Diariamente, fuera que estuviera en casa, en camino al trabajo, o en el trabajo, Él me enseñaba. Incluso puso en mi camino personas de cuyas experiencias podía aprender. Aunque me encontraba emocionado con toda esta nueva información, estaba decidido a completar los libros ya mencionados.

La mañana del 29 de febrero del 2012, exactamente a las 5:36 a.m. hubo un cambio en mi corazón. Era Lunes, el comienzo de una nueva semana, una semana que yo esperaba iba a ser poderosa. Me había propuesto dedicar esa semana al Señor en ayuno y oración. Unos días antes, había estado trabajando en los dos libros antes mencionados y me encontraba abrumado ante la perspectiva de no sólo terminarlos, sino también asumir la tarea de escribir un nuevo libro sobre el matrimonio. Sentí la necesidad de centrarme en uno solo y acabarlo.

Vine delante del Señor en oración y le pedí que me guiara. Esa noche, mientras me preparaba para ir a dormir, Él comenzó a darme una gran cantidad de instrucciones e ideas además de profunda información sobre el tema del matrimonio. Es más, me dio el título para el nuevo libro: *"Una Sola Carne"*. Con todo esto, llegué a la conclusión de que Dios me estaba diciendo que debía comenzar con el libro sobre el matrimonio. Escribí todo lo que el Señor me había dicho y luego fui a la cama mientras absorbía y meditaba en la información recibida.

A la mañana siguiente, mi pregunta no era qué libro debía comenzar, sino dónde y cómo comenzar el nuevo libro. Poseía gran cantidad de información recopilada en el lapso de casi un año además de anotaciones escritas en varios cuadernos, sin embargo no tenía ni idea por dónde empezar. Le pregunté al Señor: "Señor, si quieres que empiece *'una sola carne'* ¿cómo y dónde debo empezar?"

Inmediatamente me llevó de nuevo a la información que me había dado la noche anterior. Después de refrescarme la memoria me dijo, "Comienza con un final en mente". Tan pronto como le oí decir eso, me sentí feliz, y mi corazón se regocijó y exclamé, "¡Oh, gracias Señor, gracias!" Medité en Sus palabras y comencé a repetirlas: "Comienza con un final en mente. Comienza con un final en mente". Estaba muy emocionado porque ahora tenía un punto de referencia. Sentí como si el libro ya estuviera terminado, y yo sólo tenía que poner la información recopilada. Creo que es increíblemente poderoso el escribir un libro que ya está terminado, aunque en ese momento sólo estaba en las etapas iniciales. Sólo el Señor Dios puede hacer eso. ¡Toda la gloria a Ti, mi Señor!

Más tarde vino a mi mente lo que había oído anteriormente, la frase "comienza con un final en mente". Después de pensarlo, recordé que Dios le había dado algo similar a Stephen Covey hace algunos años. Covey había dicho: "Comience con el final en mente", pero que en realidad este hecho no es de suma importancia. Dios habló y puso en mi corazón lo que Él quería que yo hiciera. Mi interpretación personal de las palabras de Dios fue que debería comenzar el libro, presentando desde el inicio el mensaje principal.

"En el principio ya existía el Verbo, y el Verbo estaba con Dios, y el Verbo era Dios. Él estaba con Dios en el principio. Por medio de Él todas las cosas fueron creadas; sin Él, nada de lo creado llegó a existir. En Él estaba la vida y la vida era la luz de la humanidad" (Juan 1:1-4 NVI).

Dios habló y todo fue creado. Él llamó a la existencia a Su creación. Tomó seis días para que Dios completara toda la creación y en este capítulo nos vamos a concentrar en el sexto día de la creación.

En el primer día de la creación, Dios creó los cielos y la tierra: "Y dijo Dios: '¡Sea la luz!' y fue la luz. Vio Dios que la luz era buena y separó la luz de las tinieblas. A la luz la llamó 'día', y a las tinieblas, 'noche'" (Génesis 1:3-5).

En el segundo día, Dios dijo, "¡Que exista el firmamento en medio de las aguas, y que las separe!" (Génesis 1:6; ver versos 7-8 NVI)

Luego, en el tercer día, Dios dijo: "¡Que de la tierra brote vegetación: toda clase de plantas con semillas y árboles que den frutos con semillas. Estas semillas producirán, a su vez, las mismas clases de plantas y árboles de los que provinieron!; y eso fue lo que sucedió (Génesis 1:11; ver versos 12-13).

En el cuarto día, "Dios dijo: '¡Que aparezcan luces en el cielo para separar el día de la noche; que sean señales para que marquen las estaciones, los días y los años. Que esas luces en el cielo brillen sobre la tierra!' Y fue así" (Génesis 1:14-15; ver versos 16-19).

Luego en el quinto día, "Dios dijo: '¡Que las aguas se colmen de peces y de otras formas de vida. Que los cielos se llenen de aves de toda clase!' Así que Dios creó grandes criaturas marinas y todos los seres vivientes que se mueven y se agitan en el agua y aves de todo tipo, cada uno produciendo crías de la misma especie. Y Dios vio que esto era bueno" (Génesis 1:20-21; ver versos 22-23).

El día siguiente, en mi opinión, era un día como ningún otro, perfecto en todos los sentidos. El sol de la mañana estaba a punto de destellar en el horizonte. La temperatura era perfecta, y no había ni una nube en el cielo. Una fresca brisa mañanera se sentía en el aire. El ambiente reflejaba la inexistencia de algunos sonidos ya que los animales terrestres aún no habían sido creados.

A medida que pasaban los minutos, la claridad del sol iluminó poco a poco todo el lugar. La exuberante vegetación que abundaba, comenzaba a florecer, mostrando contrastes con la hierba tan rica y verde. Árboles frutales de todo tipo se erigían en diferentes lugares. En la lontananza, dos tonos de azul unidos por un brillante rojo magenta daban una magnífica pincelada de color al paisaje. Uno de los tonos de azul parecía tocar el cielo, mientras el otro parecía tocar el suelo. Viendo más de cerca era posible determinar que la extensión azul era el agua del mar y el cielo azul brillante que se unían entre sí en el horizonte.

Delfines y peces nadando de un lado al otro en las aguas claras de un océano lleno de vida. En el cielo, diferentes tipo de pájaros volando libremente. Todo el lugar parecía estar listo para disfrutar de las maravillas que traería consigo el último día de la creación. El cielo, el sol, el mar, los árboles y la vegetación fueron testigos de la magnífica y majestuosa creación realizada por nuestro Padre, el Creador de todo, el Dios Todopoderoso.

Solo puedo imaginar cómo debe haber sido esa mañana en la cual Dios se dispuso a hacer Su última creación, Su obra maestra. Tengo la certeza que a propósito dejó lo mejor para el final. Comienza Dios diciendo, "'¡Que la tierra produzca toda clase de animales, que cada uno produzca crías de la misma especie: animales domésticos, animales pequeños que corran por el suelo y animales salvajes!'Y eso fue lo que sucedió. Dios hizo toda clase de animales salvajes, animales domésticos y animales pequeños; cada uno con la capacidad de producir crías de la misma especie. Y Dios vio que esto era bueno'" (Génesis 1:24-25).

Luego Él estaba listo para la joya de la corona de Su creación:

> Entonces dijo Dios: «Hagamos a los seres humanos a nuestra imagen, para que sean como nosotros. Ellos reinarán sobre los peces del mar, las aves del cielo, los animales domésticos, todos los animales salvajes de la tierra y los animales pequeños que corren por el suelo».

Así que Dios creó a los seres humanos a su propia imagen.
A imagen de Dios los creó;
hombre y mujer los creó.

> Luego Dios los bendijo con las siguientes palabras: «Sean fructíferos y multiplíquense. Llenen la tierra y gobiernen sobre ella. Reinen sobre los peces del mar, las aves del cielo y todos los animales que corren por el suelo»
>
> Entonces Dios dijo: «¡Miren! Les he dado todas las plantas con semilla que hay sobre la tierra y todos los árboles frutales para que les sirvan de alimento. Y he dado toda planta verde como alimento para todos los animales salvajes, para las aves del cielo y para los animales pequeños que corren por el suelo,

es decir, para todo lo que tiene vida»; y eso fue lo que sucedió.

Entonces Dios miró todo lo que había hecho, ¡y vio que era muy bueno! Y pasó la tarde y llegó la mañana, así se cumplió el sexto día.

—GÉNESIS 1:26-31

El sexto día de la creación fue un día especial. Después de la creación de los animales del campo, Dios hizo al hombre: "Entonces Jehová Dios formó al hombre del polvo de la tierra, y sopló en su nariz aliento de vida, y fue el hombre un ser viviente" (Génesis 2:7 RV). Creo que después del sexto día, Dios disfrutó un tiempo admirando su creación y pasó tiempo de calidad con Adán gozando de una buena comunicación. Dios formó a Adán a Su imagen, creado con sabiduría y entendimiento.

Dios amaba a Adán y decidió proveerle de un jardín especial, un jardín lleno de vegetación, frutas, y todo tipo de seres vivos. Después de colocar a Adán en el jardín, Dios le dijo que lo labrara y lo mantuviera en orden. De esto podemos ver que incluso antes de que Dios le diera a Adán una esposa, le dio un trabajo para realizar, una responsabilidad que él debía cumplir. Dios lo entrenó para trabajar, sostenerse y cuidar de sí mismo, así para utilizar su autoridad sobre todo lo que Él le había dado. Veamos cómo Dios lo hizo.

La vida en el Jardín de Dios

Génesis 2:8-25 dice:

"Dios el *Señor* planto un huerto en Edén, al oriente, y puso allí al hombre que había formado. E hizo Dios el *Señor* nacer de la tierra todo árbol delicioso a la vista y bueno para comer; tambien el arbol de la vida en medio del huerto, y el árbol del conocimiento del bien y del mal.

Salía de Edén un río para regar el huerto, y de allí se repartía en cuatro brazos. El primero se llama Pisón; es el que rodea toda la tierra de Havila, donde hay oro. El oro de aquella tierra es bueno; y hay allí también bedelio y ónice. El segundo río se llama Gihón; es el que rodea toda la tierra de Cus. El tercer río se llama Hidekel; es el que va al oriente de Asiria. El cuarto río es el Éufrates.

Tomó, pues, Dios el *Señor* al hombre y lo puso en el huerto de Edén, para que lo labrara y lo cuidara. Y mandó Dios el *Señor* al hombre, diciendo: «De todo árbol del huerto podrás comer; pero del árbol del conocimiento del bien y del mal no comerás, porque el día que de él comas, ciertamente morirás.»

Después dijo Dios el *Señor*: «No es bueno que el hombre esté solo: le haré ayuda idónea para él.» Dios el *Señor* formó, pues, de la tierra toda bestia del campo y toda ave de los cielos, y las trajo a Adán para que viera cómo las había de llamar; y el nombre que Adán dio a los seres vivientes, ése es su nombre. Y puso Adán nombre a toda bestia, a toda ave de los cielos y a todo ganado del campo; pero no se halló ayuda idónea para él. Entonces Dios el *Señor* hizo caer un sueño profundo sobre Adán y, mientras éste dormía, tomó una de sus costillas y cerró la carne en su lugar. De la costilla que Dios el *Señor* tomó del hombre, hizo una mujer, y la trajo al hombre. Dijo entonces Adán:

«¡Ésta sí que es hueso de mis huesos
y carne de mi carne!
Será llamada "Mujer",

porque del hombre fue tomada.»
Por tanto dejará el hombre a su padre y a su
madre, se unirá a su mujer y serán *una sola carne.*

Estaban ambos desnudos, Adán y su mujer, pero
no se avergonzaban".
—GÉNESIS 2:8-25 NVI (Énfasis añadido)

En el relato de la Biblia, note que Dios dijo que el hombre y la mujer serán "una sola carne". Según el diccionario de la Real Academia de la Lengua Española y otros recursos similares, la palabra *serán* implica el "llegar a ser", o "ser apropiado o adecuado, desarrollarse o crecer hacia ser apropiado; convenir, corresponder, convertirse". El *serán* puede ser un proceso que tome tiempo y trabajo. Dios sabía que Adán y Eva eran humanos, y el jardín era un campo abierto donde cualquier cosa podía suceder. Por lo tanto, estableció límites y les dio reglas a seguir, advirtiéndoles lo que ocurriría si decidían desobedecer.

Dios, el Creador del cielo y de la tierra, el Creador de todas las cosas, estableció el matrimonio, no llamándolo a la existencia, sino poniendo sus divinas manos a la obra creó al hombre del polvo y sopló el Espíritu de Dios en él. Dios vio que todo lo que había creado era bueno, pero cuando creó al hombre, Él dijo que era muy bueno. Estaba contento y disfrutó de la compañía de ese hombre.

Plantó un jardín e hizo un hogar para el hombre, pero cuando se dio cuenta de que el hombre estaba solo, decidió crearle una ayuda idónea. Dios Todopoderoso realizó la primera cirugía haciendo de anestesiólogo, cirujano, e instrumentista. Tomó una de las costillas de Adán y diseñó a Eva, la ayuda idónea de Adán. Después que la hizo se la presentó a Adán, y la institución del matrimonio nació.

Allí, en aquel jardín se colocó a la pareja ideal, al matrimonio perfecto. Lamentablemente, no duró mucho. Después de la caída, después de la desobediencia, sus ojos les fueron abiertos, y pudieron discernir el bien y el mal. Tengo la convicción que ellos hicieron lo mejor que pudieron para agradar a Dios, sin embargo puedo imaginar cómo deben haberse sentido al saber que una vez tuvieron todo y lo perdieron a causa de su desobediencia. ¿Se ha preguntado alguna vez que estaba haciendo Adán que dejó a su esposa sin protección causando que la puerta fuera abierta y todo aquello sobre lo que Dios les dio dominio les fuera robado?

Permítame volver a la idea de "comenzar con un final en mente" para arrojar algo de luz sobre esto. En lugar de comenzar este libro con una historia para revelar el propósito o mensaje, voy a empezar con lo que Dios me dijo: "Comienza con un final en mente" Yo no sé ustedes, pero yo creo que Él estaba diciendo, "Comienza el libro con el mismo mensaje desde el principio".

Si le preguntara a parejas de casados cuál es el secreto de un matrimonio feliz, recibiría muchas respuestas diferentes. De hecho, eso es exactamente lo que ocurrió cuando entrevisté a parejas mientras escribía este libro. Unos decían: "Nuestro secreto es la comunicación", otros respondieron, "Nuestro secreto es el amor". Otros dijeron que el secreto de un matrimonio feliz era el ser el mejor amigo de su cónyuge, mostrar respeto, y las respuestas continuaron. Realmente, no hay una respuesta equivocada a esta pregunta, todas estas personas han descubierto lo que les funciona y han fortalecido sus matrimonios al utilizar su secreto. Todas y cada una de estas parejas ha encontrado *un* secreto para tener un matrimonio bendecido, pero quiero compartir con usted *el* secreto para un matrimonio bendecido. Por favor tenga paciencia y continúe leyendo.

Una vez más, permítanme comenzar compartiendo por adelantado el mensaje de este libro. Dios, no el hombre, es quien hizo el matrimonio. Él es el creador de todas las cosas. Nosotros, los humanos no estuvimos de ninguna manera involucrados en el proceso de creación, simplemente estamos involucrados en el proceso de reproducir lo que Él nos ha dado. Por eso, el centro de toda la vida es Dios. ¡Por lo tanto, *el secreto de una sola carne para tener un matrimonio bendecido es Dios*!

Desde el principio, Dios nos ordena que lo amemos con todo nuestro corazón y fuerza. El matrimonio es un subproducto de nuestra obediencia y respeto a Dios. Esposos y esposas necesitan mantener sus matrimonios puros y santos, usando la pureza y santidad para complementarse el uno al otro, amándose y cuidándose el uno al otro, aprendiendo a comunicarse eficazmente y a entenderse. Deben alabar y adorar al Señor juntos, tener hijos, convertirse en *una sola carne* viviendo y amándose en unidad.

Sí, Dios es el secreto para tener un matrimonio bendecido. Desde el establecimiento de la creación, Dios ha mostrado su majestad, su poder y su fuerza. También nos ha mostrado que Él es todo. Él es el gran YO SOY, y está involucrado en todo, lo grande y lo pequeño. Cuando Dios creó las cosas grandes, tales como el universo, las estrellas, y las aguas, Él las llamó a la existencia. Pero cuando fuimos creados, Dios utilizó sus manos, su mente y su corazón creándonos a su propia imagen. ¿Puede creerlo? Dios nos formó a su propia imagen, haciéndonos perfectos y santos, porque Él es santo. (Una traducción libre de la definición de la palabra santo en la libre traducción del diccionario Webster es ser "exaltado o digno de devoción completa, como uno perfecto en la bondad y la justicia").

Dios puso toda su atención en la creación de Adán y Eva. Después de crear a Adán, Dios se convirtió en el primer jardinero y plantó un jardín al oriente del Edén. Luego se convirtió en el primer anestesiólogo y puso a Adán a dormir. Como el primer cirujano, abrió el costado de Adán y removió una de sus costillas, de la cual creó a una mujer. Más tarde asumió el rol de casamentero y presentó Eva a Adán. Actuó como ministro de la boda y nació el matrimonio. También se convirtió en un consejero matrimonial, enseñando a Adán a amar a su esposa y a Eva a someterse a su esposo. En corto tiempo, Dios nos mostró diversas profesiones. Creo que todas las profesiones fueron creadas y demostradas en el jardín. Con sus acciones, Dios nos mostró, entre otras cosas, que Él es un agricultor, un alfarero, un anestesiólogo, un cirujano, un casamentero, un consejero, un guía, un padre, un dador, un remunerador, un justificador y un perdonador.

Nótese que Dios no les dio a Adán y Eva un automóvil o un avión. Después de todo, ¿adónde irían? Les dio burros y caballos para que pudieran movilizarse por el jardín. Dios no les dio a Adán y Eva iPhones para comunicarse, pero si los dio dos oídos y una boca, que nos enseña que debemos escuchar dos veces más de lo que hablamos. Además, podemos aprender la necesidad de mantener una comunicación personal con los demás. Conforme la humanidad creció en número, Dios le dio la capacidad de invención para ayudarle a satisfacer sus necesidades.

Si por un momento pensamos en ello, la primera unión entre hombre y mujer hecha por Dios fue muy especial. Recordemos que Él llamó a toda la creación a la existencia, pero hizo los más intrincados detalles de la creación del hombre y la mujer así como el establecimiento del matrimonio. Cuando Dios creó a Adán y Eva, no dijo: "Sea un varón" o "Sea una mujer".

Cuando hizo el matrimonio tampoco dijo, "Sea el matrimonio". En ambas instancias, Él se puso a trabajar, cuidando todos los detalles. Eso hace que el matrimonio sea algo muy especial. El secreto de un matrimonio bendecido es mantener a Dios como el centro de nuestro matrimonio, glorificándolo y alabándolo. ¿Por qué tenemos que mantener nuestro matrimonio puro y santo? Para no caer en tentación.

¡Qué perfecto plan cuando Dios dijo: "Sed fecundos y multiplicaos"! Desde aquella instrucción dada a Adán y Eva, podemos decir fácilmente que Dios no busca la cantidad, sino calidad. Él quiere que nosotros criemos hijos para Él. ¿No crees que si Dios hubiera querido solo cantidad, le habría dado a Adán no una sino muchas esposas? Sin embargo, esa no fue ni es Su intención. Somos nosotros, los seres humanos quienes rompemos las reglas. Somos nosotros quienes rechazamos la santidad del matrimonio cuando buscamos otras mujeres que no son nuestras esposas de pacto, sean estas mujeres más jóvenes, mayores o simplemente diferentes. Son los humanos los que buscan reunirse con personas del mismo género, aunque es claro que en el principio Dios creó varón y mujer— nada en medio.

Dios hizo sólo una pareja, y es a partir de que esa pareja se hizo *una sola carne* que la multiplicación de los seres humanos se extendió por todo el mundo. De una sola pareja, de un solo matrimonio nacieron muchos niños. De hecho, el nombre que Eva recibió es porque ella iba a ser la madre de todos los vivientes (Génesis 3:20). Tenga en cuenta que Dios no nos llama nietos. Él nos ve como hijos suyos. Todos somos hijos e hijas de Dios. Piense en esto: Él estableció el primer matrimonio de Adán y Eva, les dijo "Sed fecundos y multiplicaos", y lo hicieron en el poder del Espíritu de Dios que había sido puesto en ellos. Recuerde, Adán fue hecho del polvo y Dios le dio aliento de vida. Del mismo modo, Dios nos ha dado de su poder para reproducirnos y traer a otra persona a la vida. Si lo piensas bien, todos somos hermanos y hermanas en el Señor.

¿Por qué entonces tantos hombres y mujeres buscan relaciones con el sexo opuesto fuera de sus relaciones con sus cónyuges en el hogar? Obviamente, ellos están infringiendo el plan divino de Dios desobedeciendo a su mandato, creyendo las mentiras del adversario. Como resultado, al nacer, sus hijos vienen con el sello del pecado generacional. Aquellos son los que la Biblia llama hijos de desobediencia.

Génesis 4:19 registra a Lamec, el primer hombre que "tomó para sí dos mujeres". Poligamia es cuando un hombre está casado con más de una mujer a la vez. Esto lo revisaremos en el capítulo 6 de este libro.

Como mencioné antes, Dios puso mucho énfasis en el sexto día de la creación. Cada detalle de la unión del hombre y la mujer fue impecable y divinamente inspirado y ejecutado. A continuación se enumeran algunas de las cosas que Dios hizo para que esta unión se lleve a cabo:

— Él creó el mundo y las hierbas, los animales y los árboles.
— Él formó al hombre.
— Él realizó la primera cirugía.
— Él hizo la primera mujer como ayuda idónea para el hombre.
— Él se la presentó a Adán.
— Él hizo votos.
— Él unió a Adán y a Eva en matrimonio.
— Él dictaminó las reglas ellos debían seguir.
— Él los unió.
— Él los bendijo.
— Él proveyó para ellos.
— Él los dejó solos, al uno con el otro.

Dios amó tanto al hombre que le dio completo dominio sobre todo lo que Él había creado. En el Edén, les proveyó de todo para satisfacer sus necesidades incluso dándoles un espacio especial y separado rodeado de un enorme jardín.

Hubiera sido fácil para Dios formar a Eva de la misma manera que Él formó a Adán. Pero Dios tomó una costilla de Adán para enfatizar que ella era parte de él. Él quería que Adán se diera cuenta que Eva era parte de él, y que si él le causaba dolor, estaría haciéndose daño a sí mismo.

Creo que Adán comenzó su periplo con un fin en mente. En su mente estaba registrado un evento que sólo Dios pudo haber hecho, crear de la costilla de Su creación una ayuda idónea para él. Cuando hay una unión, un matrimonio, el Señor se regocija. Pero cuando hay una separación, Su corazón se quiebra.

Unidad

Si vamos a hablar acerca de convertirnos en *una sola carne*, tenemos que hablar de unidad.

En el matrimonio, no debe haber división en ningún área de la vida. Si somos *una sola carne*, debemos estar de común acuerdo y en unanimidad. Actuamos como una cabeza, en decisión y en acción. Juntos caminamos un camino, y compartimos una autoridad, un solo corazón, un solo cuerpo, una mente, un pensamiento, una iglesia y un solo Dios. Somos *una sola carne* en todos los sentidos de la palabra. Todas estas áreas de la unidad son importantes porque la división en cualquiera de ellas nos hará tropezar.

¿Cuál es su secreto para tener un matrimonio bendecido? Si Dios no está involucrado en su secreto, ¿podría honestamente decir que su matrimonio funciona como debería?

Capítulo 2

En el Jardín

¿*A*lguna vez has pensado en cómo el Señor Dios presentó Eva a Adán? Imagínese a Dios trayendo todos los animales que había creado y presentándoselos a Adán para que los nombrara. Me imagino a Adán completamente abrumado por la majestuosidad y generosidad de su Creador. Aquel que creó los cielos y la tierra, el día y la noche, el firmamento, las aguas, la tierra, la hierba del campo, las frutas, el sol, la luna, las estrellas, los peces del mar, las aves del cielo, los animales de la tierra, y todo lo que hoy existe, le dio a Adán el dominio sobre todo.

Me imagino a Dios, después de plantar un jardín en Edén y poner al hombre allí, (Génesis 2:8) observando a la distancia mientras Adán recibía y se reunía con cada animal que había sido creado. Adán miró detenidamente a cada uno, indicando sus nombres y registrando la información correspondiente a cada animal. Pueda ser que memorizó la información o dibujó imágenes para ayudarse a recordar todos los animales, tal vez fue en ese momento que Dios se dio cuenta que Adán necesitaba ayuda y que no había nadie para ayudarle, así que Dios puso a

Adán a dormir, tomó una de sus costillas, y dándole forma hizo la ayuda idónea para él. Ella era su pareja perfecta, su compañera, su mujer, y Dios se la trajo a Adán.

Imagino a Adán contemplando la belleza y perfección de esta obra maestra y exclamando: "Esto es ahora hueso de mis huesos y carne de mi carne: ésta será llamada mujer, porque del hombre fue tomada" (Génesis 2:23 RV). Dios y Adán deben haber tenido una gran comunicación, ¿no crees? Si no fuera así ¿cómo Adán supo que ella era "hueso de su huesos y carne de su carne?" Este hecho nos dice que Adán se dio cuenta inmediatamente que Dios le había dado una ayuda idónea, una esposa, un alma gemela, una mujer con quien se haría *una sola carne*.

Desde el principio, cuando Dios le entregó Eva a Adán, Él estaba enseñando que el matrimonio era Su creación. También estaba enseñándonos que Él quería que Adán y Eva, su esposa, sean uno. Dios quería que ellos actúen, vivan, den, piensen, tomen decisiones; que amen, respeten, alaben, adoren y honren al Señor que los unió en *una sola carne*. Génesis 2:24 nos enseña que nosotros, también, necesitamos mantener el matrimonio como fue ordenado por Dios nuestro Señor: "Por tanto, dejará el hombre a su padre y a su madre, y se unirá a su mujer, y serán una sola carne" (Génesis 2:24 RV).

Eva fue el regalo de Dios para Adán. Él puso entre sus manos la suya, e inmediatamente se completaron el uno en el otro convirtiéndose en la pareja perfecta. Sin Dios, las parejas de esposos son imperfectas, pero con Dios, la relación matrimonial es vista como un regalo que proviene de Dios mismo. Es por ello que tenemos que recordar esta verdad de modo que tratemos a nuestros matrimonios como un regalo de Dios.

Tristemente, en muchos matrimonios, Dios no es ese ingrediente que mantiene la relación unida. Esposos y esposas no quieren convertirse en uno y viven como individuos separados.

Mantienen cuentas bancarias separadas, pagan cuentas por separado, toman decisiones independientemente de la opinión del otro, y por lo general terminan convirtiéndose en dos cabezas tratando de dirigir un matrimonio. Sólo recuerde, cualquier cosa con dos cabezas se convierte en un monstruo, y usted no quiere un monstruo en su casa.

Autoridad Espiritual

Una vez que una pareja se une en matrimonio y actúan en unidad, descubrirán el poder de su autoridad espiritual cuando ésta es utilizada en común acuerdo con la autoridad de Dios. Dios no nos obliga a creer en el poder de esta unión. Dios respetará su decisión de negar o ignorar el poder que tiene lo que Él ha unido. Pero déjeme advertirle, no deje que la falta de conocimiento lo aleje de una vida llena de bendiciones como resultado de vivir en unidad en su relación marital.

El Juego de las Escondidas

En el jardín, se hicieron todas las cosas, las cosas grandes y pequeñas, las cosas que vemos y las que no podemos ver. En el jardín, se crearon las cosas, tanto físicas como espirituales. Cada juego que hoy en día conocemos también tuvo su origen en el jardín, incluyendo el juego de las escondidas. Tan pronto como Adán y Eva desobedecieron a Dios se dieron cuenta que estaban desnudos, y al oír Su voz, corrieron y se escondieron de Él.

Es de la misma manera para la mayoría de nosotros. Cada vez que hacemos algo mal, lo primero que hacemos es tratar de escondernos de la gente a la cual le hemos hecho mal. Al igual que lo hizo con Adán y Eva, el diablo nos tienta a hacer cosas que no debemos, y cuando lo hacemos, pecamos. Como resultado, nos sentimos avergonzados, y el diablo comienza a acusarnos de mala conducta. Una vez más, tal como lo hizo con Adán y Eva, se ríe de nosotros y nos acusa cuando hacemos las cosas que no agradan a Dios. El Señor, sin embargo, nos dice que debemos resistir al diablo y él huirá de nosotros.

El juego de la culpa

Justo después del juego de las escondidas en el jardín, el juego de la culpa comenzó. Cuando Dios confrontó a Adán y Eva acerca de sus malas acciones, el juego de la culpa se introdujo a la humanidad:

> Dios el Señor llamó al hombre y le dijo, "¿Dónde estás?
>
> El hombre contestó: "Escuché que andabas por el jardín, y tuve miedo porque estoy desnudo. Por eso me escondí."
>
> "¿Y quién te ha dicho que estás desnudo?" le preguntó Dios. "¿Acaso has comido del fruto del árbol que yo te prohibí comer?
>
> Él respondió: "La mujer que me diste por compañera me dio de ese fruto, y yo lo comí."
>
> Entonces Dios el Señor le preguntó a la mujer: "¿Qué es lo que has hecho?" "La serpiente me engañó, y comí —contestó ella."
>
> Y dijo: "El ser humano ha llegado a ser como uno de nosotros, pues tiene conocimiento del bien y del mal. No vaya a ser que extienda su mano y también tome del fruto del árbol de la vida, y lo coma y viva para siempre." Entonces Dios el Señor expulsó al ser humano del jardín del Edén, para que trabajara la tierra de la cual había sido hecho. Luego

de expulsarlo, puso al oriente del jardín del Edén a los querubines, y una espada ardiente que se movía por todos lados, para custodiar el camino que lleva al árbol de la vida.

—GÉNESIS 3:9–13, 22–24 NVI

El juego de la culpa comienza cuando no queremos asumir la responsabilidad de nuestras acciones y malas acciones. Creo que Adán no pasó la prueba de comunicación con su esposa. ¿Qué estuvo haciendo que dejó a su esposa sola y sin protección y no le advirtió que ella no debía comer del fruto que el Señor Dios le había hablado? Tal vez fue desobediencia de su parte. Ella sabía que no debía, pero al darse cuenta que el fruto parecía bueno para comer, escuchó una voz diciéndole que estaba bien para comer. Puede ser que se dejó engañar por el mal.

Adán y Eva tenían todo a su alcance. Del mismo modo ocurre con nosotros, sea que estemos frente a la computadora, en la playa, en el mercado, o en nuestros puestos de trabajo, todo está a nuestro alcance, sin embargo eso no significa que todo a lo que tengamos acceso sea saludable. Después de la desastrosa desobediencia de Adán y Eva, el Señor puso un guardia alrededor del árbol de la vida para que Adán y Eva no pudieran comer de él y por ende no ser condenados a vivir para siempre en pecado. Como resultado de su desobediencia, fueron expulsados del Edén. En todo tiempo, necesitamos aferrarnos a Dios, nuestro Padre, manteniendo Su palabra en nosotros y escuchando Su voz en lugar de la del adversario. El adversario siempre tratará de seducirnos. Tratará de mentirnos y manipulará las palabras de Dios en su intento de hacernos caer en su trampa. Sin embargo recordemos que desde el principio Dios creó todas las cosas, tanto física como espiritualmente. Es nuestra elección si obedecemos o no las instrucciones de Dios.

El Jardín de Su amor

Después de la caída, Adán fue el responsable de labrar, cuidar y mantener la tierra. De acuerdo con el diccionario de la Real Academia de la Lengua Española, *labrar* es "trabajar una materia reduciéndola al estado o forma conveniente para usarla", en el caso de labrar la tierra, incluye el acto de cultivo y cuidado o sea que el *cuidador* es "un asistente o servidor". A Adán le deben haber parecido duras las tareas de labranza y mantenimiento de la tierra. Tal vez sentía aprensión a su trabajo, especialmente cuando el sol pegaba fuerte, y puede que tomara siestas al mediodía para aliviar la carga de trabajo acortando así las largas jornadas de labor diaria. Independientemente de los detalles, el labrar y cuidar la tierra desde luego que no eran tareas fáciles.

No sabemos mucho acerca de Adán y Eva luego que fueron expulsados del jardín. Sabemos que Eva sufrió dolor. El primero fue el dolor físico del parto cuando trajo dos hijos al mundo, y el segundo fue el dolor emocional cuando su hijo Caín mató a Abel, el segundo hijo de Eva. Pero Dios era bueno y le dio otro hijo, Set, de quien desciende Noé. La Biblia nos deja saber que Adán y Eva tuvieron más hijos e hijas: "¡Prosperar, Reproducirse, Llenar la tierra, Tomar el control!" (Génesis 1:28 El Mensaje). En la Nueva Versión de Reina Valera, el mismo versículo dice: "Sed fecundos y multiplicaos". Independientemente de la traducción bíblica, Dios ordenó la multiplicación.

Volviendo al jardín, ¿te diste cuenta que había dos árboles en el jardín? Uno era el árbol de la ciencia del bien y del mal y el otro era el árbol de la vida. Todo acto de desobediencia es pecado, no importa cuán grande o pequeño sea, pero me parece interesante que el diablo escogió el árbol de la ciencia del bien y del mal como la fuente de tentación de Adán y Eva.

Nuestros días aquí en la tierra están contados. Como está escrito: "¡Setenta son los años que se nos conceden! Algunos incluso llegan a ochenta. Pero hasta los mejores años se llenan de dolor y de problemas; pronto desaparecen, y volamos" (Salmo 90:10). Una vez que Adán y Eva pecaron, fueron protegidos de comer del árbol de la vida de modo tal que no podrían vivir para siempre en pecado. Sin embargo, con la venida, muerte y resurrección de Jesucristo, el Hijo unigénito de Dios, una vez más Dios nos dio acceso a la vida eterna.

Desde el inicio de los tiempos, Dios nos ha dado opciones. Lo vemos claramente en el Jardín del Edén. Dios dio a Adán y Eva su palabra, su mandato, pero les dejó decidir. Obedecer era su decisión. Lamentablemente, Eva decidió escuchar a la serpiente en lugar de obedecer a Dios. Los seres humanos se componen de tres partes: cuerpo, alma y espíritu. 1 Tesalonicenses 5:23 NVI "Que Dios mismo, el Dios de paz, los santifique por completo, y conserve todo su ser —espíritu, alma y cuerpo— irreprochable para la venida de nuestro Señor Jesucristo". Los animales, sin embargo, no tienen espíritu, ellos poseen cuerpo y alma. Las plantas no tienen espíritu o alma, sólo existen en forma física. Cuando Dios hizo las plantas y los animales, dijo que era bueno, pero cuando hizo al hombre, dijo que era "muy bueno" (Génesis 1:31).

En el jardín, Eva no tenía comunicación directa con Dios, esta comunicación parecía venir a través de Adán. Cuando Dios vino a buscar a Adán después de su caída, Él no dijo: "Adán y Eva, ¿dónde están?", sino Adán, "¿dónde estás?" (Génesis 3:9 Énfasis añadido). Dios llamó a Adán, porque se suponía que él era quien debía proteger y guiar su matrimonio y mantenerlo en unidad, amor, confianza, respeto y comunicación. Adán era el responsable de mantener tanto a su esposa como a él mismo en obediencia a una autoridad superior—Dios.

En el jardín, el hombre era el responsable de las cosas en su hogar. Él tenía comunicación directa con su Creador, y se esperaba que la mujer viviera en sumisión a su marido. Juntos como un solo ser, tenían que tomar decisiones, grandes o pequeñas, importantes o insignificantes. Eva, sin embargo, no consultó a su marido y tomó lo que parecía una decisión insignificante, pero a causa de esa decisión, todo se vino abajo. Aquella decisión que parecía tan insignificante fue un error descomunal que tuvo repercusiones eternas.

Desde el principio, Adán y Eva fallaron en no tomar decisiones juntos, en unidad. Una vez más enfatizo, una decisión independientemente de que parecía pequeña e insignificante era en realidad una decisión que cambió el curso de la historia. La lección que podemos aprender es que nunca se debe subestimar el impacto que puede tener una decisión. Desde el principio, Adán y Eva obviamente no estaban en el mismo sentir y carecían de buena comunicación. Creo que Adán dejó a Eva sola para hacer algo por su cuenta. ¿Qué estaba haciendo? ¿Estaba trabajando doble turno? ¿Jugando golf? ¿Pescando? ¿Durmiendo? ¿Viendo televisión? ¿Jugando fútbol de fantasía?

Tal vez Adán falló al no enseñarle a Eva el mandamiento que Dios le había dado cuando le dijo: "Puedes comer de todos los árboles del jardín, pero del árbol del conocimiento del bien y del mal no deberás comer. El día que de él comas, ciertamente morirás" (Génesis 2:16-17 NVI). Es posible que Adán compartiera con Eva la información recibida, pero también es probable que no le enseñara las consecuencias de desobedecer una orden divina. Dios le dio la orden a Adán, antes que Eva existiera. Génesis 2:17. El siguiente versículo dice: "No es bueno que el hombre esté solo. Haré una ayuda ideal para él" (Génesis 2:18).

Hay dos lecciones importantes que podemos aprender de esta situación: (1) obediencia y (2) comunicación.

Una lección bien aprendida

Después de su caída, ¿cree usted que Adán y Eva aprendieron la lección? Después de reencontrase con el Señor y recibir su castigo, la Biblia dice claramente que los hijos de Adán y Eva eran su propia imagen—una imagen pecaminosa, ¡Eso es! En el relato de Adán y Eva la historia con relación a sus dos primeros hijos termina con la muerte de uno en las manos del otro. Usted podría preguntarse por qué desde el principio de los tiempos, Dios permitió un incidente tan horrible. Bueno, eso no era de Dios, sino del adversario. Lo que ocurrió fue el fruto de la desobediencia de Adán y Eva así como de todos sus descendientes. "No se dejen engañar: nadie puede burlarse de la justicia de Dios. Siempre se cosecha lo que se siembra. Los que viven sólo para satisfacer los deseos de su propia naturaleza pecaminosa cosecharán, de esa naturaleza, destrucción y muerte; pero los que viven para agradar al Espíritu, del Espíritu, cosecharán vida eterna" (Gálatas 6:7-8).

Recuerda las palabras del Señor a Adán y Eva: "El día que de él comas, ciertamente morirás". Adán y Eva no murieron físicamente de forma instantánea, pero murieron espiritualmente. En la Biblia Evidencia, Ray Comfort lo explica de una manera especial cuando comenta:

> Dios creó a la humanidad con tres componentes: cuerpo, alma y espíritu (ver 1 Tesalonicenses 5:23). Nuestra alma es nuestra auto conciencia—la zona de las emociones, la voluntad y la conciencia. Nuestro espíritu es nuestro consciente divino, la parte que nos permite ser conscientes de Dios y relacionarnos con Él. Tenemos vida física cuando tenemos la unión con nuestro cuerpo, y tenemos vida espiritual, cuando tenemos unión con Dios. Así como la muerte física ocurre cuando el alma se separa de

nuestro cuerpo, la muerte espiritual se produce cuando nuestra alma se separa de Dios. Adán fue un ser único ya que cuando fue creado, Dios sopló su Espíritu en él, dándole a Adán una vida espiritual de modo que él pudiera conocer y relacionarse con su Creador. Ezequiel 18:4 nos dice: "El alma que pecare, esa morirá." (RV) Porque Dios es tan santo, no puede morar donde hay pecado (Salmos 5:4; Habacuc 1:13). Dios retiró su Santo Espíritu de Adán cuando éste desobedeció por lo tanto en ese mismo momento, Adán murió espiritualmente. La Biblia dice que al igual que Adán, estamos "muertos en trasgresiones y pecados" (Efesios 2:1) hasta que nacemos de nuevo y la vida de Dios habita en nosotros a través del Espíritu Santo. Cuando nos arrepentimos de nuestros pecados y confiamos en Jesucristo, pasamos "de muerte a vida" (Juan 5:24, Romanos 6:13; 1 Juan 3:14)."[1]

Luego añade: "Adán fue creado de forma única, a la "imagen y semejanza" de Dios (ver Génesis 1:26), pero después de que pecó y murió espiritualmente (ver Génesis 2:17 comentario), su descendencia tuvo su imagen caída. Ya que todo se reproduce "según su especie", todos los descendientes de Adán (la humanidad entera) han nacido espiritualmente muerta—separada de Dios. Es porque hemos nacido espiritualmente muertos que Jesús vino a darnos vida espiritual (Juan 5:40; 10:10; 10:6, etc.) Por eso Jesús dijo que debemos nacer de nuevo (Juan 3:3).

Después de que Caín mató a Abel, el Señor les dio a Adán y Eva otro hijo, al que puso por nombre Set. Eva dijo: "Dios me ha concedido otro hijo en lugar de Abel, al que mató Caín". También Set tuvo un hijo, a quien llamó Enós. Desde entonces se comenzó a invocar el nombre del Señor (Génesis 4:25-26 NVI).

Adán y Eva instruyeron a Set en los caminos de Dios su creador. Creo que aprendieron bien la lección y entrenaron y dirigieron a su nuevo hijo así como a todos sus descendientes en el camino correcto, instruyéndolos en los caminos del Señor. La Biblia nos dice que la humanidad "comenzó a invocar el nombre del Señor." Comenzaron a orar y permanecer en Él, desarrollando el temor a Dios desde el principio de sus vidas. Podemos ver que Adán y Eva no sólo aprendieron bien la lección, sino que instruyeron a sus hijos y descendientes en los caminos del Señor Dios. Así también los hijos de sus hijos enseñaron a sus hijos de Dios como podemos ver en a través las vidas de Noé, Abraham y Sara, Isaac y Jacob y de sus hijos.

Y usted, ¿está guiando a su familia en los caminos del Señor? ¿Está buscando al Señor? ¿Está permaneciendo en Él?

Capítulo 3

Para bien o para mal

*L*a negatividad es presentada desde el inicio en el matrimonio. Es en la ceremonia matrimonial que oímos al ministro diciendo "para bien o para mal"; ¿quién dijo que iba a ser "para mal"?, ¿quién en su sano juicio desearía ser parte de algo que le de "para mal"? Si nos gusta lo bueno, lo mejor, ¿por qué no comenzar nuestro caminar con afirmaciones positivas?, ¿por qué no hacerlo con palabras afirmativas y llenas de fe? Es cierto que Jesús enseñó que en la vida nos enfrentaríamos a problemas, pero nos ofreció su paz en medio de nuestros problemas. Como *una sola carne*, las parejas casadas necesitan de Jesús, necesitan de su paz, aprobación, protección y de esa bendición solo Él puede brindar.

En el Antiguo Testamento, Josué dijo: "En cuanto a mí y a mi familia, nosotros serviremos al Señor" (Josué 24:15). Déjeme añadir algo. Además de servir a Dios, declararé palabras llenas de fe sobre mi hogar. Creo firmemente que desde el principio, debemos declarar palabras de vida sobre nuestras vidas, la vida de nuestros hijos, nuestro matrimonio, y todo lo que nos rodea. Tenemos que comenzar a declarar palabras que edifican y glorifican, no palabras negativas que traen consigo resultados negativos en el futuro. Debemos entender que las palabras son como semillas: no volverán vacías, sino que crecerán y darán fruto a su tiempo. Como dice la Palabra de Dios: "La muerte y la vida están en poder de la lengua, y el que la ama comerá de sus frutos" (Proverbios 18:21 RV).

Es cierto que habrá obstáculos y fortalezas que tratarán de detenernos, pero alegrémonos y esperemos en el Señor, porque Jesús venció. Tenemos que poner todo bajo sus pies. Jesús hizo todo en la cruz.

En mi matrimonio, me aseguré que todo no solo fuera para bien sino para mejor. Cinco años antes de casarme, aprendí acerca del poder de la palabra hablada a través del libro escrito por Charles Capps *La lengua, una fuerza creativa*. No solo aprendí mucho al leer este libro sino que comencé a aplicar lo aprendido usando las palabras de Dios en mi vida. Decidí desarrollar una fe infantil y como niño comencé a usar palabras llenas de fe, en lugar de palabras negativas. He aquí algunos ejemplos de frases llenas de fe versus frases negativas:

— *Yo puedo hacer que esto suceda vs No se qué va a pasar.*
— *Dios me ha dado lo mejor, Él me ha dado la esposa más hermosa vs ¿Es esto todo lo que Dios puede hacer por mi?*
— *Mis hijos son lo mejor vs Tengo los peores hijos del mundo.*
— *Todo lo puedo en Cristo que me fortalece vs No puedo hacerlo.*

El día de nuestra ceremonia matrimonial, cuando mi esposa y yo estábamos declarando nuestros votos el uno al otro, llegó el momento de decir "para bien o para mal", dije en cambio "para bien y para mejor. Al oír esto nuestro padrino de bodas, que era mi hermano, me miró como si estuviera diciendo,"¿Estás bien, hermano? ". Lo miré y asentí con la cabeza, reafirmando lo que había dicho. Con mi mirada le estaba diciendo: "¡Eso es correcto, lo mejor, 'mano!".

Desde el comienzo de mi matrimonio, he plantado semillas positivas. ¿He tenido alguna vez malos momentos en los catorce años de mi matrimonio? ¡Por supuesto! Pero yo no contemplo ni pienso en eso. Mantengo mis pensamientos enfocados en lo que es correcto y bueno.

Cuando permite que sea Dios la clave de su matrimonio y camina en Sus caminos, Él se convierte en el paraguas de su vida. Viento, lluvia, nieve, e incluso tormentas podrán ser parte de su caminar, pero no tiene que preocuparse pues Aquél que creó todas las cosas está de su lado. Cuando la Palabra de Dios está en su vida, puede ordenar a cualquier montaña que se mueva, echarla al mar, y obedecerá.

Único en su clase

Mientras escribía este capítulo, pensaba en una pareja que enfrentó un gran reto en su vida en común. Aproximadamente en sus treinta años de edad, esta pareja ha superado todos los obstáculos que la vida les ha presentado, y luego de haber vivido lo mejor y lo peor, ahora viven una vida bendecida.

La historia de Matt y Sue es única en su género. Cuando conocí a Matt por primera vez, estaba contando su increíble historia a más de quince mil personas. Parte de su historia trata de cuando el lado izquierdo del cuerpo de Matt se paralizó. Los médicos le dijeron que no había esperanza de vida e incluso le advirtieron que si sobreviviera, no sería capaz de caminar o hablar. Matt venció todos los pronósticos. No sólo sobrevivió, sino que con el tiempo fue capaz de caminar y hablar. Puede que su cuerpo fuera sacudido pero no su mente, su corazón, su espíritu, o su fe. Cuando se conoce a Matt, inmediatamente se puede percibir a un hombre de carácter, valentía, sabiduría, compasión y sensibilidad. Él es un verdadero hombre, y su carácter refleja el verdadero hombre en el cual se ha convertido. Sus limitaciones físicas no le impiden divertirse y vivir la vida al máximo. Cuando se trata de compartir acerca de la grandeza de Dios, Matt lo hace con mucha audacia, audacia que ha desarrollado a través de su fe. Él está siempre dispuesto a compartir sus creencias con todo aquel con quien entra en contacto, sea de manera individual o grupal. Definitivamente su dolor le ha permitido adquirir sabiduría personal además de la que proviene de lo alto y él reconoce que todo proviene de su Creador.

Matt no tiene que hacer ningún esfuerzo para compartir su historia o para ayudar a alguien en necesidad. Eso se ha convertido en algo natural en él. Matt es un ser humano muy compasivo al que no le cuesta compartir con otros de la grandeza del Señor, y lo hace porque ama a la gente. Si sabe que de alguna manera compartir su historia puede influir positivamente o animar a alguien, lo hace.

Además de tener una gran actitud, un carácter excepcional, sabiduría y audacia, Matt es muy sensible. Cada vez que comparte su historia, lo hace con gran pasión. Cuando usted le oye hablar, puede sentir su espíritu fluyendo directamente de su corazón a su boca. Cada vez que comparte su historia, llora, no por lo que ha pasado, sino por lo que Dios ha hecho; él reconoce cuán grande Dios es en su vida y da todo el mérito y la gloria a su Señor y Salvador Jesucristo.

Adicionalmente a todas estas cualidades y a su gran fe, Matt tiene un arma secreta. Como dice el viejo refrán, "Detrás de cada hombre de verdad hay una mujer de verdad". El arma secreta de Matt es su esposa Sue. Cuando escuché por primera vez a Sue hablar de su esposo, me quedé impresionado, nunca había oído a una mujer hablar con tanto respeto y admiración de su esposo. Ella era sumisa y conocedora de los caminos del Señor.

En su historia, Matt y Sue relatan de un incidente donde a altas horas de la noche, cuando volvieron a casa, se enfrentaron con unas personas que estaban robando su casa. En medio de la confusión, Matt recibió un impacto de bala en la cabeza. Los ladrones huyeron. Matt fue trasladado de urgencia a la sala de emergencias. Se encontraba en estado de coma y lo colocaron en la unidad de cuidados intensivos.

Después de unos meses Matt volvió en sí y se dio cuenta de su entorno. Cuando se despertó, se dio cuenta de que algo andaba mal, que no podía hablar ni mover un lado de su cuerpo. El lado izquierdo de su cuerpo estaba paralizado, y los médicos le dijeron que no iba a ser capaz de hablar o caminar. Lleno de fe en su Señor, Matt pensó, *doctor, este es su diagnostico pero el de mi Dios dice lo contrario.* Él se dijo a sí mismo, *¡voy a caminar, y voy a hablar!* Poco a poco Matt comenzó a comunicarse y seguidamente empezó a mover sus piernas. Con el tiempo pudo caminar con la ayuda de un bastón y de alguien a su lado.

Lo que me gusta de Matt es su fe y osadía. Él sabe que fue hecho con un propósito, y cree que lo está cumpliendo. Matt también es el tipo de persona con la que es divertido pasar tiempo. Cuando no está orando, está jugando. Incluso cuando estaba en el hospital, su sentido del humor era visible. Un día decidió que si iba a estar en el hospital por un tiempo, lo mejor era hacer ese tiempo fuera divertido.

En una oportunidad dos enfermeras necesitaban hacerle análisis de orina y le dieron un recipiente para que lo llenara. Inmediatamente pensó, *Voy a hacer algo divertido.* Minutos después, las enfermeras regresaron para recoger el recipiente y le dijeron: "Matt, el líquido se ve mal. Es demasiado amarillo".

Con una gran sonrisa en su rostro, Matt tomó el recipiente, se lo puso en la boca y le dijo a las enfermeras, "No es un problema, lo voy a filtrar de nuevo". Y se bebió rápidamente el contenido del recipiente. Las enfermeras se quedaron sin habla. Una de ellas salió de la habitación, mientras que la otra se quedó allí. En ese momento Matt se reía a todo pulmón. Las palabras estaban tratando de salir de su boca, pero él estaba riéndose tanto que no se le podía entender lo que quería decir. Finalmente, se las arregló para decir: "Lo siento, era sólo jugo de manzana". Su cuerpo pudo haber sido afectado, pero no su espíritu ni su sentido del humor.

Luego de muchos meses en el hospital, Matt fue dado de alta y volvió a casa. Su esposa dice que Matt nunca aceptó las limitaciones de su discapacidad. Él es muy independiente y muchas veces trata de hacer todas las cosas por sí mismo. Un día estaba programado que iba a compartir su historia a un grupo de gente de negocios y trató de vestirse y ponerse la corbata por su cuenta. Cuando Sue lo encontró batallando en el intento le preguntó por qué no la había llamado para ayudarle, él le respondió que quería hacerlo solo. Este es un escenario que se repite con frecuencia. A pesar que las dificultades se presentan, él hace lo más que puede por enfrentarlas.

Lo que hace que Matt y Sue sean únicos en su género es su fe y su obediencia a andar en los caminos de Dios.

En una oportunidad Sue estaba compartiendo acerca de situaciones específicas que ocurrieron cuando ella iba con Matt al hospital para sus chequeos. Algunas enfermeras veían en ellos a un hombre inútil acompañado de una joven que estaba gastando tiempo y energías en llevar y traer a su esposo al hospital. Inclusive hubo una enfermera en particular que le preguntó, "¿Sue, te vas a quedar con Matt para siempre? ¿Por qué no te consigues a alguien, a otra persona?" Sue indignada respondió, "Discúlpeme, el es mi esposo y cuando me casé con él hice votos a mi Dios. Me comprometí con mi esposo en buenos y malos tiempos, para bien o para mal".

Mirando a la audiencia mientras compartía su historia, Sue agregó, "Este es el mundo en que vivimos. Muchas personas no tienen temor a Dios, y sin conocerle, inmediatamente dejan de lado el compromiso hecho cuando los malos tiempos llegan".

Nuestro trabajo como parejas de esposos cristianas es el ser testimonio vivo de una vida de fe. Estamos llamados a ser la luz de este mundo perdido. Matt y Sue definitivamente son *una sola Carne*, y su luz brilla de forma deslumbrante. Luego del incidente por el que Matt pasó, Sue no estaba en la búsqueda de la felicidad— pues ya la tenía con Matt. Lo que ella estaba buscando era una vida bendecida que ya le pertenecía pues conocía a Jesucristo.

Matt y Sue han estado casados por más de veinticinco años. Matt ha continuado con su proceso de recuperación y junto con Sue viven una vida llena de gozo, amor, paz y el favor de Dios.

Fundamento Adecuado

He aquí algunas cosas que podemos aprender de la historia de Matt y Sue que pueden ayudarnos a construir un matrimonio duradero:

— Sumisión: Sue era 100 por ciento sumisa a su esposo.

— Honor: Sue honra a Dios amando y respetando a su esposo.

— Oración: Podemos ver en la recuperación de Matt que las oraciones fueron contestadas.

— Armonía: Su unidad los llevó a tener un compañerismo bendecido.

— Comunicación: Como una sola carne, ellos conocen las necesidades el uno del otro.

La Biblia nos recuerda, "Esposas, sométanse a sus propios esposos como al Señor" (Efesios 5:22 NVI). Sue sabía que son palabras de Dios y las aplicó a su vida. En lo concerniente al hombre, Dios ha dicho: "El amor por tu esposa muestra el amor que tienes por Mí". Podemos fácilmente ver eso en Matt. Cuanto más glorifica a Dios, muestra más amor y respeto por su esposa y de ese modo, recibe aún más de ella en retorno.

El mortero es el pegamento que mantiene unidos a los ladrillos de un edificio. Si el Señor no es el pegamento que une tu matrimonio, tu trabajo es en vano. Efesios 5:24-29 NVI nos dice claramente cómo hacerlo:

> "Así como la iglesia se somete a Cristo, también las esposas deben someterse a sus esposos en todo. Esposos, amen a sus esposas, así como Cristo amó a la iglesia y se entregó por ella para hacerla santa. Él la purificó, lavándola con agua mediante la palabra, para presentársela a sí mismo como una iglesia radiante, sin mancha ni arruga ni ninguna otra imperfección, sino santa e intachable. Así mismo el esposo debe amar a su esposa como a su propio cuerpo. El que ama a su esposa se ama a sí mismo, pues nadie ha odiado jamás a su propio cuerpo; al contrario, lo alimenta y lo cuida, así como Cristo hace con la iglesia".

Tomemos en cuenta lo que Pedro dijo a los hombres y mujeres casados: "De la misma manera, ustedes esposas, tienen que aceptar la autoridad de sus esposos" (1 Pedro 3:1) e, "De la misma manera, ustedes maridos, tienen que honrar a sus esposas" (1 Pedro 3:7).

Presten atención a las necesidades de cada uno y vivan estrechamente unidos. Conozca a su cónyuge y entienda sus necesidades, sus sueños, preocupaciones y deseos. Dense mutuamente honor, ánimo, edificándose el uno al otro, no devolviendo mal por mal, ni argumenten. Por el contrario, actúen juntos hacia una meta y ésta es obtener el favor del Dios nuestro Señor.

El fundamento de la vida matrimonial debe ser basado en Dios. Como está escrito "Si el Señor no edifica la casa, en vano se esfuerzan los albañiles" (Salmos 127:1 NVI). Si su casa es construida sobre base sólida y el fundamento adecuado, ésta será duradera. Es por ello que la Escritura nos exhorta a construir sobre roca y no sobre arena.

Los ingredientes necesarios para tener una base sólida deben ser combinados con el fin de disfrutar de un resultado único y bendecido. Una buena sopa sabe mejor cuando todos los ingredientes han tenido la oportunidad de mezclarse. Una canción suena mejor cuando todos los instrumentos están afinados y en armonía. Manténgase fiel y en armonía en su matrimonio.

Dirigiendo su matrimonio

Se necesita mucho trabajo, tiempo y esfuerzo para construir un matrimonio que tenga armonía, confianza y amor. Pero sólo hace falta un segundo, un comentario, una acción, o una reacción para destruirlo y llevarlo a la ruina. En todo momento, tenemos que tener cuidado de controlar nuestras palabras y reacciones. Tenemos que aprender a tener paciencia, y no es una tarea fácil. Tan pronto como se nos dice algo que no nos gusta, inmediatamente queremos responder, reaccionar y defendernos. Pero si nuestro matrimonio y amistad con nuestro cónyuge es maduro, responderemos con amor. Vivir en amor es una habilidad que debe ser aprendida y pulida. Sin embargo, una vez que aprendemos y dominamos el vivir en amor, tenemos la garantía de una gran relación con nuestro cónyuge.

Vivir de modo natural en lugar de en amor va a crear sentimientos de dolor y dañar nuestra relación matrimonial. Si el daño es lo suficientemente grave, pueden tomar días el recuperarse de la situación. Es por ello que la Escritura nos dice que no debemos ir a la cama enojados, porque la ira no resuelta a tiempo puede convertirse en amargura. A veces decimos palabras que dañan a otros, los condenamos o reprochamos, y tan pronto como esas palabras salen de nuestra boca, a menudo nos damos cuenta de que dijimos algo indebido. Lamentablemente, una vez que las palabras han sido dichas, es demasiado tarde y no podemos retroceder el tiempo.

Cuando esto sucede en un matrimonio, se pierde la armonía. En lugar de decirse palabras edificantes, estamos gritándonos el uno al otro e inclusive a veces maldiciendo mentalmente a nuestro cónyuge. Cuando el matrimonio no es un matrimonio maduro, se puede incluso esperar el uso de malas palabras, pero debemos que trabajar con denuedo para evitar que eso ocurra. Ese tipo de comportamiento no es de Dios, sino de aquel que vino a robar, matar y destruir.

Una de las mejores cosas que puede hacer por su matrimonio es evitar comentarios negativos, los supuestos y el uso de determinadas palabras. Sus palabras deben alabar y edificar a otros, especialmente a su cónyuge. Aprenda a reconocer cuando se equivoca, y no tenga miedo de admitirlo. Esto es difícil, pero factible. Admitir el estar equivocado es una habilidad que debe ser aprendida. Se necesita tiempo, pero una vez que lo domine, se sentirá bien consigo mismo y ganará el respeto de los demás. Admitir sus errores es lo mejor que puede hacer. Cuando admitimos nuestros errores, desarrollamos un espíritu humilde y mostramos respeto por los demás.

Aprenda a decir "lo siento", y será respetado y admirado. Permítame insistir, admitir que uno está equivocado desarrolla humildad. Como un sabio dijo una vez: "Prefiero ser feliz que estar en lo correcto". Muchas veces no queremos pedir disculpas, lo que queremos es que sea la otra persona quien lo haga. Pero si ambos están esperando a que sea el otro, puede que la situación nunca se arregle.

Preste atención al tono de su voz y la manera cómo habla. Muchas veces, la forma en que decimos las cosas duele más que las palabras que decimos. Las palabras son como una espada de dos filos: son poderosas y pueden ser utilizados ya sea para bien o para mal. Reconociendo su poder, debemos utilizarlas para edificar no para destruir.

Aprenda a decir "Te amo". Después de todo, la fundación del mundo está basada en amor. A muchas personas les es difícil decir "Te amo" Sin embargo una vez que lo haces y aprendes en el proceso a decirlo con verdadera intención y frecuencia, serás testigo de cambios en tu corazón. Oí a alguien decir que un hombre una vez preguntó a uno de sus consejeros, "¿Cuándo debo decirle a mi esposa que la amo?" El sabio consejero respondió: "Antes de que alguien más lo haga".

Vivimos en un mundo que minuto a minuto está volviéndose al revés y si no estamos alerta y caminamos en el Espíritu, tropezaremos. "Para bien o para mal", es una decisión que debe tomarse. Elija lo mejor—elija una vida abundante.

Capítulo 4

Compromiso y Votos

Estábamos sentados en la mesa de un restaurante cuando mi hija hizo una pregunta incómoda: "¿Por qué el abuelo nos traicionó? ¿Por qué se fue?". ¿Qué se le puede decir a una niña de diez años de edad cuando hace una pregunta como esa? La verdad, y nada más que la verdad. Al decir la verdad se expone el pecado. Usted le dice exactamente cuál es la situación, y eso es lo que hice. Le dije que el abuelo se fue porque él no amaba más a la abuela y quería perder el tiempo con mujeres más jóvenes (y lo hizo, tomando para sí una mujer veintinueve años más joven que él).

Mi hija escuchó atentamente lo que le decía y luego protestó: "Pero, ¿por qué tenía que dejarnos así? ¡Eso no es justo!". Estuve de acuerdo con ella, y luego se volvió a mí, me miró fijamente a los ojos y me dijo: "Tu no vas a hacer lo mismo, ¿verdad? No nos vas a dejar, ¿verdad?".

Mi Dios, yo estaba mudo y con el corazón destrozado. Mi pequeña hija estaba mirándome fijamente y mientras la miraba a la vez que miraba a mi esposa sentada a su lado al otro lado de la mesa pensé, *Que error—dejar tu familia, tus hijos, tu esposa por ninguna otra razón que la de satisfacer tus deseos carnales.*

El hombre dejó a su esposa hace más de veinte años. Mi hija, en sus solo diez años de vida ha visto a su abuelo tres veces. Ella ha observado a sus padres y a otras parejas y ve que su abuela vive sola. Relaciones destruidas, hogares destruidos, y vidas destruidas, todo a partir de la decisión de este hombre.

Creo que cuando nos casamos, el compromiso no debe ser hecho solo con nuestra pareja sino con Dios. Cuando algo ocurre en nuestro matrimonio, debemos ir directamente a Dios en lugar de ir donde nuestro cónyuge y tratar de arreglar el desacuerdo o el error. Pero cuando no hacemos ese compromiso con Dios al pronunciar nuestros votos matrimoniales, al enfrentar una situación difícil, saldremos corriendo. Renunciamos a continuar en una relación con nuestra ayuda idónea, el regalo que Dios nos ha dado, nuestro compañero o compañera de pacto.

La traducción libre de la definición de *compromiso* de acuerdo a Yahoo.answers dice lo siguiente:

> En este mundo cambiante, compromiso significa mantenerse firme y fiel a los principios y objetivos, sin importar cuánto polvo hay que patear en el camino hacia adelante. Esto significa el recordarse a si mismo las obligaciones que uno tiene—no solo con otros sino consigo mismo—y honrar esas obligaciones.
>
> Entendiendo el significado de compromiso, usted reconoce el profundo efecto que tiene el mantenerse firme en la comunidad que lo rodea. Su camino no es solitario y usted no está solo en ese camino. Cada acción comprometida y cada decisión que tome inspiran a otros a asumir sus

propios retos personales y descubrir su propio valor y determinación.

El compromiso es la llave que abre puertas y ventanas dejando que la luz entre y muestre cómo podemos vivir una vida más centrada. [1]

Voto de acuerdo al Diccionario de la Real Academia de la Lengua Española, es "una promesa solemne hecha a Dios". Cuando se dicen los votos en una ceremonia matrimonial, se los estamos diciendo a Dios nuestro Señor. Si no puede darse cuenta de ello, en el momento que las cosas no salen bien, querrá renunciar a todo y pedir el divorcio. Correrá a casa de su madre como si nada hubiera ocurrido. Pero, ¿qué hay acerca de dejar a su cónyuge e hijos desolados y sin protección? ¿Qué sucede entonces? ¿Quién gana cuando esto sucede?

El único ganador en este escenario es aquel que ha venido a mentir, robar y asesinar. Cuando se niega un pacto, y se falla en desarrollar una relación cercana con Dios quien es nuestra fuente y nuestro hacedor, perdemos y es el diablo quien gana. Pero cuando Dios es el consejero matrimonial, Él dirá qué hacer para tener un matrimonio exitoso. El Espíritu del Señor le dirigirá en la dirección correcta. Después de todo, ¿quién conoce a tu ayuda idónea, tu esposa, tu esposo, mejor que Dios? Él diseñó a esa persona para ti, entonces es Él quien puede guiarle en lo que debe o no hacer.

Para tener a Dios como nuestro consejero, debemos permanecer en Él y desarrollar un corazón puro. De esta manera, escucharemos Su voz. Como Él dice, "Mis ovejas escuchan mi voz" (Juan 10:27). Sin embargo, si aun no estamos en Su verdad y justicia, no sabremos como reconocer u obedecer Su voz. Aquellos que aun no han madurado en las cosas de Dios puede que necesiten consejería profesional para hacer frente a los problemas de su matrimonio y recibir la ayuda necesaria. Recuerde, sin embargo, la consejería debe provenir de un experto en la materia.

Me encanta el hecho de cómo Jesús volvió a tocar lo básico cuando se le preguntó acerca del divorcio. Echemos un vistazo a lo que dijo.

Matrimonio y Divorcio

Esta historia se encuentra en Marcos 10:2-12 NVI

"En eso, unos fariseos se le acercaron y, para ponerlo a prueba, le preguntaron: — ¿Está permitido que un hombre se divorcie de su esposa? — ¿Qué les mandó Moisés? —replicó Jesús. —Moisés permitió que un hombre le escribiera un certificado de divorcio y la despidiera —contestaron ellos. —Esa ley la escribió Moisés para ustedes por lo obstinados que son —aclaró Jesús—. Pero al principio de la creación Dios "los hizo hombre y mujer". "Por eso dejará el hombre a su padre y a su madre, y se unirá a su esposa, y los dos llegarán a ser un solo cuerpo." Así que ya no son dos, sino uno solo. Por tanto, lo que Dios ha unido, que no lo separe el hombre. Vueltos a casa, los discípulos le preguntaron a Jesús sobre este asunto. —El que se divorcia de su esposa y se casa con otra, comete adulterio contra la primera —respondió—. Y si la mujer se divorcia de su esposo y se casa con otro, comete adulterio".

Debido a que Dios ya ha unido a marido y mujer en santo y divino matrimonio, ellos no pueden separarse. El matrimonio no es un juego de ganar o perder, el matrimonio es una institución divina que requiere trabajo de ambas partes. El trabajo que tenemos que hacer es aprender acerca de nosotros mismos y trabajar en nuestras actitudes y en nuestra capacidad de amar. Pero lo más importante es trabajar en nuestra relación individual con Dios. Después de todo, Él nos ordena que lo amemos con todo nuestro corazón, mente, y que lo pongamos a Él sobre todas las cosas, especialmente sobre nuestros deseos carnales. Si nos centramos en nuestros deseos carnales, muy pronto nuestros corazones se alejaran de Dios. Debemos poner a Dios primero para que Él nos proteja y nos de la fortaleza para soportar cualquier espíritu maligno tratando de infiltrarse en nuestras mentes y corazones. Tenemos que llegar a ser uno en nuestra identidad con Dios para que podamos desarrollar la unidad necesaria con nuestro cónyuge de pacto dado por Dios.

Peleen la Buena Batalla Juntos, como una Unidad

Un ejemplo de unidad se muestra en la popular película *El Zorro*. Me encanta cuando Zorro está peleando contra el enemigo y vemos a su esposa peleando a su lado. En su mano tiene una larga, afilada y brillante espada. De su boca solo salen palabras positivas y se puede ver que su convicción y su fe son aún mayores. A medida que Zorro pelea, su esposa cubre su punto ciego. Cuando sus hombros se tocan, exclama: "Sigue adelante, yo cuido tu retaguardia".

Durante el matrimonio vamos a hacer frente a un sin número de batallas. Batallas financieras, físicas; batallas con los niños, con la escuela; batallas emocionales y espirituales. En una batalla física o en un desafío, cuatro manos son mejores que una. Si estamos construyendo una casa, por ejemplo, el contar con más manos aliviará la carga de la colocación de placas de yeso, pintura, instalación de pisos, etc. Contar con más manos involucradas en el proceso es mejor debido a que estas tareas requieren tiempo y esfuerzo, así que cuanta más ayuda o más manos estén en el proceso, más liviana será la carga individual.

En las batallas espirituales, una cabeza es mejor que dos. Cuando marido y mujer están en unidad, se libera el poder espiritual. Por lo tanto, necesitamos llegar al Señor de común acuerdo y en unidad, porque como dijo el Señor: "Donde dos o tres se reúnen en mi nombre, allí estoy en medio de ellos" (Mateo 18:20 NVI). Cuando dos mentes se unen en una causa, una lucha, y un objetivo, el poder de esa unidad va a derrotar al enemigo.

Marido y mujer deben vivir en unidad, como *una sola carne* y un solo cuerpo. En amor y en unidad, deben mantenerse unidos a aquel quien los unió, el Señor nuestro Dios. Es cierto que las mujeres son muy diferentes que los hombres; nosotros los hombres las necesitamos. La mujer no fue creada con la intención de convertirse en nuestra sirvienta, criada, u objeto sexual. Se suponía que debía ser nuestra colaboradora, nuestra compañera, nuestra esposa. Juntos podemos lograr todo lo que Dios quería para nosotros.

Nuestras vidas como hombres son mejores con nuestras esposas porque a ellas les han sido dados talentos y habilidades que nosotros no poseemos. Por ejemplo, ellas son quienes llevan a nuestros hijos en sus vientres y los traen al mundo, además de criarlos, cuidarlos y tenerles paciencia, asumen la gran responsabilidad de educarlos, instruirlos y entrenarlos. El guiarlos en los caminos del Señor es un trabajo de ambos, padres y madres.

A prueba de Fuego

Cuando no seguimos las leyes y la guía de Dios, especialmente dentro del matrimonio, aparecerán problemas en nuestro camino. Cuando tratamos de vivir la vida a nuestra manera, nos sentiremos frustrados y desilusionados en nuestro caminar.

Esto es demostrado de manera especial en la popular película *A Prueba de Fuego*.

En esta película, un hombre joven llamado Caleb y su esposa han estado casados por algunos años y en el transcurso de un año las cosas han estado fuera de control. En una de las escenas, Caleb viene a casa de trabajar y está hambriento. Va a la cocina y se encuentra con que no hay que comer. Pregunta a su esposa porque no ha ido al mercado a comprar comestibles. Ella responde que no ha tenido tiempo y le pregunta, "¿Por qué no has ido tú a comprar comestibles, si tienes más tiempo libre que yo?" Desde el primer momento el problema de comunicación es obvio.

La joven pareja comienza a gritar y a culparse el uno al otro por sus fallas. Pareciera que habían estado viviendo el mismo patrón de conducta desde hacía un tiempo. Sin respeto, honor ni amor en su hogar. La esposa siente que ella no puede soportarlo más, así que le dice a su esposo que—quiere el divorcio.

Mientras miraba a esa pareja en la pantalla, algo era obvio: a ellos les faltaba Dios. Dios no podría ser encontrado en ninguna parte de su matrimonio o sus vidas. Esta era una pareja que pensó podía encontrar una entrada al cielo siendo buenos a sus propios ojos o mente.

Afortunadamente para Caleb, él tenía una estrecha relación con su padre, quien lo mentoreaba y guiaba hasta el punto que Caleb le permitía. Mientras la historia prosigue Caleb continúa manteniendo informado a su padre sobre sus problemas matrimoniales, y cuando éstos continúan escalando, le dice a su padre que está pensando divorciarse de su esposa. Su padre lo reta a leer un diario, un proceso escrito de cuarenta días que le enseñaría lo necesario para vivir un matrimonio de acuerdo a los estándares de Dios.

Al comienzo, Caleb no toma seriamente el asunto del diario sin embargo lo hace como un favor para su padre. Sin embargo al cumplir los cuarenta días siente como si hubiera sido sometido a un trasplante de corazón. Mientras trabaja en su actitud, carácter, matrimonio y fe, este hombre se convierte en una persona diferente, un hombre que encuentra la gracia de Dios. Esta gracia transforma su vida para siempre y se muestra en sus acciones, forma de hablar, actitudes hacia Dios, la vida y su matrimonio.

La esposa de Caleb comienza a notar en su esposo algo diferente. Ya no la grita, no ve pornografía. De hecho, se deshizo de la computadora cuando se dio cuenta que tenía adicción a la pornografía. Al ver la sorprendente transformación en la vida de su esposo, ella desea lo que él tiene—una nueva vida, una nueva amistad con el Señor Jesucristo. Ella le dice, "Yo quiero tener lo que tú tienes", y eso es una unción fresca y una amistad con Jesús.

Cuando estamos llenos de gracia, el Señor nos guarda y transforma de adentro hacia afuera. Es por ello que Jesús dijo que de todos los que el Padre le dio, "Yo les doy vida eterna, y nunca perecerán, ni nadie podrá arrebatármelos de la mano. Mi Padre, que me los ha dado, es más grande que todos; y de la mano del Padre nadie los puede arrebatar" (Juan 10:28-29).

En el Nuevo Testamento los creyentes viven para siempre con Cristo y no le pueden ser arrebatados. Él le da vida a nuestros cuerpos mortales. Somos nacidos de carne y sangre y actuamos en nuestra carne y eventualmente nuestros cuerpos morirán. Pero cuando somos nacidos de nuevo, somos nacidos del Espíritu y viviremos para siempre con nuestro Rey y Señor de Señores, Jesucristo.

Un Verdadero Líder

En la película, Caleb, luego de recibir gracia y perdón del Señor, se convierte en un líder, viviendo excepcionalmente bien. Su esposa lo nota y desea lo mismo. Puedo asegurarle que cuando

Dios le equipa, usted se convertirá en un gran líder no solo para sí mismo sino para su familia, iglesia, comunidad, país y el mundo.

En mi definición de líder, un líder no es solo una persona que tiene una posición sobre los demás. Un líder es primero un seguidor de una autoridad superior—Dios. Esta autoridad superior enseña, guía, protege y da la sabiduría e inteligencia para dirigir a otros. Esta autoridad superior fortalece y le da al líder de su gracia.

Un líder es alguien que anima, cree, y guía a sus seguidores a obtener y alcanzar un determinado objetivo. Él los lleva a alcanzar su máximo potencial. Él guía, consuela, da seguridad, confianza, y promueve confianza en los demás.

Un verdadero líder ve más allá de las personas, ya que le ha sido dado ese don en virtud de su posición. Él ve bendiciones, talentos, destrezas y habilidades en los demás y enaltece a los que Dios ha escogido. Algunos líderes, sin embargo, buscan la perfección. Ellos miran solo lo que está frente a ellos en lugar de promover y elevar a aquel que tiene un potencial aun no descubierto que puede ser útil.

Como el líder máximo, Dios usará a cualquiera pues él no hace acepción de personas. Jesús no vino como un rey en palacio mundano. Es más, dijo que los zorros tenían agujeros donde dormir pero Él no tenía ni siquiera una almohada sobre la cual reclinar la cabeza. Aunque Él creó todas las cosas, se humilló a sí mismo y vino al mundo sin nada. ¿Por qué? Creo que desde que la tierra fue maldita después de la caída, Él no quería nada de ella. Todo lo que Él quiere es nuestra vida. Él está interesado en nosotros de manera personal. Su reino no es de este mundo, pero ama al mundo. Él vino a mostrarnos el camino y darnos acceso a la vida eterna en Su reino cuando lo reconocemos y aceptamos seguirlo.

Jesús lideró con su ejemplo. Los doce hombres comunes y corrientes que le siguieron se convirtieron en personas extraordinarias una vez que recibieron poder de lo alto. Posteriormente, ellos llevaron a otros a seguir los caminos del Señor. Jesús dio a sus discípulos y a nosotros la Gran Comisión, que es hacer discípulos de todas las naciones. No nos dijo que encontráramos las personas más bonitas, más inteligentes y las hagamos líderes. Nos dijo que fuéramos a buscar a todos aquellos a quienes Él había elegido, aquellos a quienes Él ve más allá de las fallas, defectos de carácter, apariencia física, o situación económica. Jesús era el líder de líderes, alguien a quien imitar y emular. Un líder cristiano comprometido siempre sigue y permanece conectado a su máximo líder, Jesús, el líder más grande de todos, el que es, era y ha de venir.

Capítulo 5

Primer Amor, Verdadero Amor

*H*asta que usted no encuentre su primer y verdadero amor, su matrimonio estará fuera de control, y el verdadero amor es Dios. El amor de Dios no tiene fin. Se trata de un verdadero amor, un amor que existe desde el principio de los tiempos. Él es y siempre será. Él nunca le dejará ni le desamparará.

El Manual de Dios, la Biblia, dice: "Amarás al Señor tu Dios con todo tu corazón, con toda tu alma, con toda tu mente y con todas tus fuerzas" (Marcos 12:30). Este es el primer y gran mandamiento. El amor de Dios es eterno. Es un amor que nunca nos abandona. Dios no se aleja de nosotros, somos nosotros quienes nos distanciamos, siguiendo el camino del pecado y la desobediencia.

Cómo conservar tu Verdadero Amor

Muchas veces pensamos que nuestro compañero, nuestro novio o novia, es nuestro verdadero amor. Puede que no haya nada malo en pensar de esa manera dentro del contexto adecuado, porque tenemos que amar a las personas importantes en nuestras vidas, pero el amor que desarrollamos hacia Dios es totalmente diferente. El verdadero amor de Dios trae paz a nuestros corazones, nos da seguridad, protección y bendiciones. Bienaventurados todos los que obedecen sus mandamientos de amarle primero y amar a nuestro prójimo como a nosotros mismos.

Permítame compartir con usted las cosas específicas que decidí hacer en mi determinación de preservar el amor de Dios en mi vida. Le aliento a adoptar algunos de estos hábitos.

1. Disociarse de personas, programas de televisión y música negativa. Lo crea o no, la televisión y la música son a menudo las mayores influencias negativas en nuestras mentes. Con demasiada frecuencia presentan lo bueno como malo y lo malo como bueno. Necesitamos reemplazar esas influencias negativas con programas positivos que animan y alientan, música llena de fe.

2. Leer la Biblia diariamente. Cuanto más la lea, se sentirá más cerca de Dios. La Biblia es la palabra de Dios para usted, y Él se comunica con usted a través de ella. Cuando pasa tiempo de calidad leyendo la Palabra, Él se revela a sí mismo a través de ella. Su Palabra se hace viva, dándonos poder y fortaleza. Nuestra más grande excusa para no leerla es que no tenemos tiempo. Si, si tenemos el tiempo, pero debemos proponernos a separarlo para leer la Biblia.

3. Orar. Mientras lee esto puede que diga: "Si, orar. Yo oro en la mañana cuando me levanto, oro antes de comer, oro antes de irme a dormir. Además, oro cuando estoy en la iglesia el fin de semana." Una vez más, no hay nada malo en hacer eso. De hecho, si no está orando de esa manera, le recomiendo que comience a hacerlo. Pero cuando hablo

de orar, me refiero a algo más, me refiero a esa necesidad de orar en todo tiempo.

Ante todo, déjeme decirle lo que es la oración. La oración es sostener una conversación con Dios, comunicarse con Él. No tiene que ser en voz alta; ésta puede tener lugar en su mente. Se puede orar en cualquier lugar y a cualquier hora. Puede estar manejando hacia el trabajo e ir conversando con Dios, o estar en el trabajo y dialogando con Dios; ambos son ejemplos de tiempos de oración. Sea en la corte, en la escuela, en la cocina o en el campo de futbol o de beisbol, sea en un salón de clases, puede estar orándole a Dios. Sosteniendo un martillo o una brocha para pintar, cortando el césped, cortándole a alguien el cabello, arreglando un auto, o realizando cualquier actividad ordinaria, puede estar orándole a Dios. No importa lo que esté haciendo, se puede hablar con Dios en medio de ello. Cuando ora con continuidad, estará permaneciendo en Él. Recuerde, cuando usted permanece en Él, Él permanece en usted y cuando usted se acerca a Él, Él se acerca a usted.

Si usted está conectado al Señor y permaneciendo en Él, entonces tiene la certeza que Dios está con usted en cualquier circunstancia difícil o problema que se le presente. Dios no solo está de su lado sino delante, haciéndose cargo de la situación. Déjeme ponerlo de esta manera: Cuando permanece en Dios, le está invitando a ir donde quiera que usted va. Cuando esto ocurre ¿quién puede hacerle daño? o ¿cómo puede hacer algo equivocado? Puedo decirle que con Dios cada día parece viernes o fin de semana. Pero no es así. Jesús dice que tendremos problemas y tribulaciones pero que necesitamos permanecer con Él y en Él porqué Él ha vencido al mundo y todo lo que en el hay. Su oración a Dios el Padre por nosotros es: "No te pido que los quites del mundo sino que los protejas del maligno" (Juan 17:15).

Me encanta lo que Pedro dijo en 1 Pedro 3:13: "Ahora bien, ¿quién querrá hacerles daño si ustedes están deseosos de hacer el bien?" Esto lo dice Pedro, alguien que negó a Jesús tres veces pero quien luego de su reencuentro con el Señor resucitado aprendió a permanecer en Él. Pedro pasó por muchas cosas, pero vio las maravillas del Señor frente a sus ojos y se salvó en numerosas ocasiones en las que estaba compartiendo las buenas nuevas. Pedro conocía del poder de permanecer en Cristo, y por eso pudo hacer esta positiva y osada afirmación.

4. Ayunar es vital. Probablemente no necesite hacerlo todos los días, pero sería bueno si lo puede hacer ocasionalmente. Con oración y ayuno se pasa a otro nivel rindiéndose completamente a Dios. En retorno, Él toma control de todo su ser, física y espiritualmente. Es algo que necesita experimentar.

La Correcta

Si practica los principios mencionados anteriormente, descubrirá la manera asombrosa como Dios se mueve y orquesta todas las cosas para su bien. En Génesis 24, se nos muestra una gran historia de amor cuando le encuentran una novia a Isaac. Si usted recuerda, el padre de Isaac, Abraham, había sido llamado por Dios. Después de escucharlo y reencontrarse con Él, Abraham desarrolló una enorme e incomparable fe en Dios. Todas las cosas que el Señor le había prometido se hicieron realidad ante sus ojos, incluyendo el tener un hijo en su vejez. Sin lugar a dudas, Abraham encontró en Dios a su verdadero amor.

Abraham aceptó a Dios y obtuvo Su favor. Debido a la estrecha relación que tenían, Dios le dijo a Abraham, "ciertamente te bendeciré. Multiplicaré tu descendencia hasta que sea incontable, como las estrellas del cielo y la arena a la orilla del mar. Tus descendientes conquistarán las ciudades de sus enemigos;" (Génesis 22:17).

Abraham y su casa sirvieron al Señor, por lo cual creo que no hicieron nada sin antes consultar a Dios Todopoderoso. Cuando su hijo Isaac estaba listo para el matrimonio, Abraham no quiso escoger para él una mujer de la tierra en la que vivían, la tierra de Canaán, una tierra de desobediencia y maldad. Abraham quería una mujer de la tierra de sus padres, alguien del mismo linaje. En la historia, vemos que Abraham envió a uno de sus criados a su tierra natal, Mesopotamia, a la ciudad de Najor (Génesis. 24:10), para encontrar una compañera para Isaac.

Sin saber que esperar en este viaje, la persona a cargo de obtener la compañera para Isaac oró y puso todo en las manos de Dios. Él dejó que sea el Señor quien lo guiara para escoger la esposa adecuada para el hijo de su amo. No quería utilizar su propio juicio ni discernimiento, pero confiaba y dependía del Señor para hacer lo correcto. Respondiendo a la oración del siervo, el Señor hizo lo esperado. He aquí su oración a Dios:

«Oh Señor, Dios de mi amo, Abraham —oró—. Te ruego que hoy me des éxito y muestres amor inagotable a mi amo, Abraham. Aquí me encuentro junto a este manantial, y las jóvenes de la ciudad vienen a sacar agua. Mi petición es la siguiente: yo le diré a una de ellas: "Por favor, deme de beber de su cántaro"; si ella dice: "Sí, beba usted, ¡y también daré de beber a sus camellos!", que sea ella la que has elegido como esposa para Isaac. De esa forma sabré que has mostrado amor inagotable a mi amo».
—GÉNESIS 24:12-14

Si lee la historia completa en la Biblia, aprenderá que sucedió al igual que el siervo oró. El siervo encontró a Rebeca y ella le dio agua a él y a sus camellos. Luego ella lo llevó a la casa de su padre, a quién le contó toda la historia de Abraham. Él siervo compartió cómo Dios había bendecido a su amo con riquezas y que él había sido enviado especialmente para traer una esposa para Isaac, el hijo de su amo. Todos coincidieron en que se trataba de una cita divina, y que el Señor Dios había orquestado todo. El trabajo del siervo se llevó a cabo, y juntamente con Rebeca hicieron el viaje de regreso a la casa de su amo.

Cuando se acercaron, Isaac a la distancia, los vio venir. Rebeca fue presentada a su futuro esposo y llevada a la que fue la tienda de Sara su madre: "Luego Isaac la llevó a la carpa de Sara, su madre, y Rebeca fue su esposa. Él la amó profundamente" (Génesis 24:67).

La incorrecta

En la Biblia, podemos ver que el favoritismo no es de Dios. Isaac y Rebeca tuvieron dos hijos gemelos. El primero de ellos, Esaú fue diestro en la caza, hombre del campo, y era favorecido por su padre. El segundo hijo, Jacob era un hombre tranquilo que habitaba en tiendas, y él fue favorecido por su madre. A diferencia de su padre, los hijos de Isaac no confían en Dios para ayudarles a encontrar las esposas adecuadas para ellos, veamos que ocurrió.

Esaú tomó por esposa a una mujer proveniente de un lugar con el cual su padre le había prohibido tener relación y terminó eligiendo a la mujer incorrecta. La esposa de Jacob por el contario, provenía del linaje de su abuelo Abraham. Jacob se casó con dos hijas de Labán, hermano de Rebeca, y tío de Jacob. Su historia es un recordatorio de que Dios siempre hace que todas las cosas contribuyan para nuestro bien.

Loco de Amor

Loco de amor es lo que yo llamo a la historia de amor de Jacob. ¿Quieres trabajar como pastor de ovejas por siete años y luego otros siete más con el fin de obtener una esposa? ¿Trabajarías solo recibiendo como pago comida y ropa? Sólo una persona muy ingenua, alguien que está loco de amor, lo haría.

En la historia de Jacob, quien era el hijo de Isaac y nieto de Abraham, vemos que Jacob tuvo que huir de su hermano Esaú, después de robarle la bendición que le correspondía. Rebeca, madre de Jacob y Esaú, envió a Jacob con su tío Labán, hermano de Rebeca porque Esaú estaba tan furioso que quería matar a su hermano. Fue un largo viaje. Rebeca envió con Jacob regalos para que se los diera a Labán. En el camino, sin embargo, algunos de los hombres de Esaú despojaron a Jacob de todos sus bienes, y lo dejaron solo con su ropa.

Después de un largo viaje por el desierto, finalmente llegó a Padán Aram, donde vivía su tío Labán (Génesis 28:5) quien tenía una granja y mucho ganado. Mientras Jacob se acercaba, llegó a un pozo y vio a Raquel, una hermosa muchacha que le robó el corazón, y se enamoró de ella a primera vista. Al acercarse a la muchacha, la besó y le dijo quién era. Ella se ofreció a llevarlo con su padre, y Labán salió corriendo para encontrarse con Jacob. Ambos se saludaron, y, eventualmente, Jacob dijo a su tío que estaba enamorado de su hija Raquel. Debido a que Jacob no tenía nada que ofrecerle, le propuso a Labán trabajar para él sin salario durante siete años a cambio de la mano de Raquel en matrimonio. El acuerdo fue hecho verbalmente, tal vez sellado con un apretón de manos.

Si usted estudia la Biblia, verá que en el Antiguo Testamento a menudo miembros de familia y parientes se casaban entre sí. En el Jardín del Edén, Dios hizo a la primera pareja y les dijo que se multiplicasen. Considerando que Adán y Eva era la única pareja, sus hijos, aparentemente se reprodujeron entre sí. Conforme pasó el tiempo, el matrimonio entre primos y primos segundos era una práctica común.

Así que el trato con Jacob y su prima Raquel fue un hecho, y comenzaron los siete años al servicio de Labán. Siete años es mucho tiempo, pero para el joven y el loco—enamorado—de Jacob el tiempo voló. Sin embargo, la expectativa se convirtió en una pesadilla catastrófica. Tan pronto como los siete años pasaron, Jacob estaba listo para recibir su premio, su esposa, el amor de su vida, su amada Raquel. Se fijó el día de la ceremonia, y se realizaron todos los preparativos para un gran banquete. La boda tuvo lugar, y Jacob fue a su tienda para consumar su luna de miel.

Jacob había tomado una semana libre en el trabajo para poder disfrutar y pasar tiempo con Raquel, su amor. Sin embargo, al día siguiente, cuando la claridad del sol de la mañana iluminó su tienda, una terrible sorpresa lo esperaba. Es posible que se haya estado preparando para dar los buenos días al amor de sus sueños cuando se dio la vuelta y vio a Lea en lugar de Raquel. Pudo ser que gritara en voz alta horrorizado al darse cuenta de que había pasado la noche con la mujer equivocada y no con la mujer de sus sueños.

Jacob debe haber estado bebiendo mucho la noche anterior y por lo tanto no se dio cuenta del cambio que se había producido. Jacob desconocía que su tío había cambiado a sus hijas, dándole a Jacob la hija mayor, Lea, en lugar de Raquel a la cual Jacob amaba. Cuando Jacob descubrió lo que había pasado, estaba fuera de sí:

"¿Qué me has hecho? —le dijo a Labán con furia—. ¡He trabajado siete años por Raquel! ¿Por qué me has engañado? —Aquí no es nuestra costumbre casar a la hija menor antes que a la mayor — contestó Labán—, pero espera hasta que termine la semana nupcial

y entonces te daré también a Raquel, siempre y cuando prometas
trabajar para mí otros siete años. Así que Jacob aceptó trabajar
siete años más. Una semana después de casarse con Lea, Labán
también le entregó a Raquel. (Labán le dio a Raquel una sierva,
Bilha, para que la atendiera). Entonces Jacob durmió también con
Raquel, y la amó mucho más que a Lea. Y se quedó allí y trabajó
para Labán los siete años adicionales".
—GÉNESIS 29:25–30

Así fue como Labán engañó a Jacob. Quizás él estaba pagando
por lo que había hecho cuando engañó a su padre robando la
bendición que le pertenecía a Esaú. Tal vez sólo estaba cosechando
lo que había sembrado. De todos modos, al final de esa semana,
Jacob se encontró con dos esposas y se comprometió a trabajar
otros siete años por su amada Raquel. Aunque esto no era lo que
Jacob había planeado, Dios lo resolvió para bien. El mal siempre
quiere meterse con lo que el Señor ha ungido, y el mal utilizó al tío
de Jacob para engañarlo. El mal siempre intenta desbaratar el plan
de Dios, pero Dios siempre convierte lo malo en bueno. Tal vez
en este momento esté pasando por una situación que no estaba en
sus planes, así como le ocurrió a Jacob. Si se aferra a las promesas
de Dios, espera en el Señor y se mantiene de buen ánimo, puede
estar seguro de que Él lo librará.

El pegamento que mantiene unido a un matrimonio

Todo matrimonio es diferente, pero el pegamento que mantiene
a los matrimonios unidos es el mismo. Dios es ese pegamento.

Una vez que elige a su pareja y contrae matrimonio, el Señor
bendecirá su unión matrimonial, aun cuando luego pareciera que
ha hecho una mala elección. El Señor bendice su matrimonio
de todos modos. Jacob, por ejemplo, se encontró con la mujer
equivocada, pero Dios usó esa mala experiencia y lo convirtió en

algo bueno. Jacob fue padre de las doce tribus de Israel, algunos de los cuales llegaron a través de Lea. Tenemos que entender que el pegamento es el mismo para todos. Adhiere a todas las parejas de la misma manera y hace que sus matrimonios sean fuertes, sabios, benditos y fructíferos.

Cada persona es diferente, recuerde las palabras claves "los dos serán una sola carne". Sólo en Dios un matrimonio puede ser fuerte. Sólo cuando buscamos al Señor en todo momento se nos dará la sabiduría para vivir nuestro matrimonio como *una sola carne*. Sólo cuando utilicemos todas las herramientas que Dios nos ha dado para agradarle vamos a ser fructíferos para darle gloria. Sin embargo cuando le damos la espalda a nuestra ayuda idónea, a nuestro cónyuge, estamos dándole la espalda a Dios, porque es Él quien hizo el matrimonio, no nosotros.

¿Eligió a la persona con quien quería casarse? ¿Fue su elección dirigida por Dios, o por sus propias emociones y deseos? Si se trata de esto último, lo más probable es, que puede sentir la tentación de creer que tomó la elección equivocada. ¿Qué hacer entonces? ¿Alejarse, separarse, divorciarse? No, usted debe recordar sus votos matrimoniales y lo que la Palabra de Dios dice sobre el matrimonio: "Así que ya no son dos, sino uno solo. Por tanto, lo que Dios ha unido, que no lo separe el hombre" (Mateo 19:6 NVI).

No necesita alejarse, separarse, o divorciarse. Lo que necesita es trabajar en sí mismo y ambos tienen que someterse a Dios. Él dirigirá su camino y sanará cualquier problema en su matrimonio. Él restaurará su relación y será para Su gloria. Todos los matrimonios deben ser un reflejo de Dios, porque el matrimonio es Su idea.

Muchos hombres y mujeres jóvenes piensan que cometieron el error de casarse con la persona equivocada. Personalmente, creo que no hay ninguna persona correcta o equivocada, sólo personalidades, pensamientos, acciones y decisiones equivocadas.

Muchas veces pensamos que hemos elegido a la personada equivocada, cuando en realidad somos nosotros los equivocados. Tenemos que trabajar en nosotros mismos e invitar a una fuerza superior para darnos el poder y la fuerza para ser transformados de manera personal, de modo que podemos funcionar bien en nuestra vida matrimonial. He visto a muchas parejas cuyos matrimonios se han fortalecido y son más saludables por la gracia de Dios. La clave consiste en invitar al Señor a nuestro matrimonio de modo que nuestras vidas vayan en la dirección correcta en el camino hacia convertirse en uno.

Sin Dios, todo matrimonio tropezará, independientemente de la persona con quien nos hayamos casado. Recuerde una vez más, los dos se harán *una sola carne*. Individualmente somos muy diferentes, así que tenemos que trabajar en nosotros mismos, alinearnos con nuestro cónyuge, trabajando en nuestras faltas, actitudes, temperamento y vida de oración. Pero lo más importante de todo es trabajar en nuestra relación con el Señor. La pareja de la próxima historia descubrió lo importante que esto es.

Jay y Patty se conocieron en su último año de secundaria cuando ambos tenían dieciocho años. Desafortunadamente, comenzaron a verse a espaldas de sus padres. Patty venía de una familia estricta y piadosa, y tenía miedo de decirle a su mamá y papá que estaba viendo a un joven. Jay y Patty se enamoraron, y después de seis meses de enamorados, Patty concibió un bebé. Aterrorizados por lo que dirían sus padres, ella escondió su secreto durante cuatro meses, hasta que su vientre creciente hizo imposible continuar ocultando el secreto. Con pocos ingresos financieros, la joven pareja se casó y comenzaron a vivir juntos manteniéndose con lo que Jay obtenía por su trabajo de medio tiempo.

Patty había sido educada para ser una mujer piadosa y se le había enseñado la Palabra de Dios. Su madre disfrutaba de una fuerte relación con el Señor, y fue de ella de quien Patty aprendió a desarrollar una cercanía y temor a Dios. A pesar de su educación piadosa, Patty había caído en pecado con Jay, quien nunca había tenido temor del Señor. Mientras él crecía, su familia iba a la iglesia sólo cuando su mamá y papá se les ocurría. No existía una relación con el Señor, sólo una vacía forma de religión. Jay se convirtió en un joven enérgico, fuerte y guapo, pero él tenía una cosa para con las chicas y había tenido una serie de relaciones.

Mientras Patty contaba su historia, me dijo que cuando Jay le preguntó a sus padres si podía casarse con ella, les dio su palabra de que la iba a amar, respetar y proteger. De alguna manera Jay era un hombre de palabra. Había aprendido que cuando un hombre pierde dinero, no pierde nada, cuando un hombre pierde un amigo, pierde algo, pero cuando un hombre pierde su palabra, pierde todo. Jay entendió que tenía que trabajar en sí mismo si iba a mantenerse firme en su promesa.

Después de un año y medio de matrimonio, Jay estaba trabajando y asistiendo a la escuela. Patty descubrió que él le había sido infiel varias veces. Cuando llegó a casa del trabajo, ella lo confrontó. Ella tenía el bebé en sus brazos y su ropa empacada, estaba lista para dejarlo. Hablaron durante horas hasta que Jay dijo: "No te puedo dejar donde tus padres. Yo los respeto, y yo les di mi palabra que cuidaría de ti. Voy a cumplir con mi promesa".

Ese fue un momento crucial en su matrimonio. Se reconciliaron y se quedaron en su nido. Jay se comprometió a amar y respetar a su esposa, pero lo más importante, se comprometió con el Señor y comenzó su travesía hacia el desarrollo de una relación más estrecha con su Creador. Es ese compromiso lo que los mantiene fuertes hasta el día de hoy.

Diecinueve años más tarde, su matrimonio está floreciendo, y han sido bendecidos en todas las áreas de sus vidas. Tienen cuatro hijos hermosos, y Jay ha sido bendecido con un gran negocio. Hace diez años se compró su primera casa, y lo más importante de todo es que su relación con Dios es ahora más fuerte que nunca. En su casa, sirven al Señor. Su fe en el Señor es obvia. Están en fuego por Dios, y su relación con Él es fuerte y creciente día tras día. ¡Alabado sea el Señor! A medida que su relación con Dios crecía, la relación entre ellos floreció todo como resultado de hacer a Dios el centro de sus vidas. Su matrimonio es sano, es sincero y lleno de amor.

Me encontré con esta pareja en el verano del 2012. Su primogénito estaba a un día de cumplir los dieciocho años. Él es una bendición y tiene una fuerte relación con el Señor. Hablábamos de nuestras vidas y cómo el tiempo pasa tan rápido. Estábamos hablando acerca del Señor y el matrimonio, y yo les dije que estaba a punto de terminar de escribir este libro, diciendo: "El libro se llama *'El secreto de Una Sola Carne para un matrimonio bendecido'*".

Como mi esposa y yo estábamos teniendo esta conversación con Jay y Patty, les comenté: "He visto crecer su matrimonio, y ustedes tienen una gran relación el uno con el otro. Sin duda se han convertido en uno. ¿Cuál es el secreto de su matrimonio?".

Inmediatamente Patty respondió: "El secreto de nuestro matrimonio es Dios." Y añadió: "Sin Él, no podríamos estar juntos. Hemos hecho de Dios el centro de nuestro matrimonio". En cuanto a Jay, ella explicó. "Si mi marido no hubiera venido al Señor, él habría continuado cometiendo adulterio y se hubiera perdido la bendición que Dios tenía preparada para nosotros. Doy gracias a Dios que nos ha moldeado y permitido seguirle".

Me quedé sin palabras. "¿Has leído el libro?" bromeé. "Ese es exactamente el mensaje del libro: Dios es el secreto para un matrimonio bendecido."

He conocido a Jay toda mi vida. He visto la mano de Dios guiándole, y he visto todas las bendiciones que Dios ha derramado sobre esta pareja. Cuando veo a Jay y Patty ahora, pienso en la promesa que Dios hizo en Malaquías 3:10: "Traigan todos los diezmos al depósito del templo, para que haya suficiente comida en mi casa. Si lo hacen —dice el Señor de los Ejércitos Celestiales— les abriré las ventanas de los cielos. ¡Derramaré una bendición tan grande que no tendrán suficiente espacio para guardarla!". Soy testigo que la promesa ha cobrado vida en esta pareja, sin embargo cuando les preguntas al respecto, la respuesta es simple, obedecen y sirven a Dios. El recibir esas bendiciones es automático, al igual que la ley de la gravedad, cuando hacemos lo que Dios dice que hagamos. Dios nos pide que lo probemos, pero muchos de nosotros no lo hacemos y nos perdemos la promesa. Jay y Patty han aprendido bien la lección. Son dadores alegres, no dando para recibir, pero recibiendo la promesa garantizada a cambio.

Jay y Patty han recorrido un largo camino. He visto sus luchas y dolor, pero también he visto sus victorias y las bendiciones que el Señor ha derramado sobre ellos. Cuando la Escritura dice: "no habrá espacio suficiente para recibirlo, o guardarlo", te puedo decir que lo he visto en la vida de Jay y Patty. Los he visto hacer espacio para recibir todo lo que Dios tiene reservado para ellos. Lo más importante que poseen, por supuesto, es el don del Señor Jesucristo. Eso nunca puede ser quitado de ellos, porque es el don del Espíritu Santo, que nos da fuerza, nos guía y nos protege.

Cada vez que de alguna manera usted niega a Jesús, tropezara, y los pedazos de su vida se dispersaran en todas direcciones. Haga a Jesús el pegamento, no sólo de su matrimonio, sino de su vida personal. Sólo de esa manera podrá estar en contra de los vientos de la adversidad. Creo que Adán y Eva fueron hechos el uno para el otro y se enamoraron el uno del otro pero antes del amor del uno por otro, cada uno de ellos había encontrado su verdadero amor en su Creador, nuestro Dios, el Rey de Reyes y Señor de Señores. El que dijo: "Yo soy el primero y el último". Él es nuestro primer amor, nuestro verdadero amor, nuestro último amor, el amor que nunca puede ser quitado de nosotros mientras permanezcamos en Él. ¡Amén!

Capítulo 6

Poligamia

*V*olviendo a lo que mencioné brevemente en el capítulo 1, vamos a hablar de la poligamia. Como he dicho, no es nada nuevo, el primer caso de poligamia se encuentra en el libro de Génesis. La Real Academia de la Lengua Española define la *poligamia* como una situación en la que "un varón tiene pluralidad de esposas" o sea está casado con más de una esposa a la vez.

Como iba diciendo, el primer caso de la poligamia se registra en Génesis. En el capítulo 4, versículo 19, leemos acerca de Lamec, descendiente de Caín, quien mató a su hermano Abel, hijo de Adán y Eva. Lamec fue de la sexta generación después de Adán y Eva, y tuvo dos mujeres: Ada y Zila. Lamec asesinó a algunas de personas, siguiendo los pasos de su bisabuelo Caín cuando mató a su hermano Abel. Lamec justificó su acción diciendo que si Caín había sido protegido por Dios, él estaría aún más protegido.

La Biblia no nos dice mucho acerca de las dos esposas de Lamec y su relación con los demás, pero podemos ver que la tendencia de Lamec hacia la desobediencia se deriva de las acciones de su antepasado Caín. Esto es lo que sucede cuando usted camina lejos de la presencia del Señor y trata de vivir por su cuenta. La vida al lado de Lamec fue probablemente una pesadilla para sus dos mujeres, que tuvieron que vivir con un hombre perverso y asesino. Pamela L. Mcquade, en su libro "Las 100 Mujeres más importantes de la Biblia", dice esto acerca de una de las cónyuges de Lamec: "Esta imagen rápida de la vida de Ada nos enseña a permitir que sea Dios quien controle nuestras decisiones maritales. En Él, vamos a experimentar la cálida relación de amor que estamos buscando. Aparte de Él, sólo podemos sentir dolor".

Otro caso de poligamia, se encuentra en la historia de Jacob, quien también tenía dos esposas. En el capítulo 5 vimos que esta situación no fue de su elección, sino más bien el resultado del engaño de Labán. La madre del profeta Samuel, Hannah, fue también víctima de poligamia. Su marido, Elcaná, tuvo otra mujer además de ella, y esta mujer hizo difícil la vida de Hannah. El rey David también tuvo varias esposas. Sin embargo aquel que se registra en la Biblia como el que tuvo muchas esposas es el polígamo Salomón. En este punto puede preguntarse por qué tenemos que leer acerca de todo esto. La respuesta es que podemos aprender de estas historias si estamos abiertos y atentos a las lecciones escondidas en ellas.

Aprendiendo de los Errores de los demás – Salomón

El más grande polígamo registrado en la Biblia es Salomón. Cuando al principio se lee la historia de la vida de Salomón, se puede admirar su grandeza, sabiduría y riqueza. Sin embargo podemos notar que a pesar de todo, Salomón no aprendió de los errores de los demás, incluidos los errores de su padre, el rey David. Salomón tuvo setecientas esposas y trescientas concubinas.

Una vez más se preguntará por qué estoy hablando de este tema. Es porque está en la Biblia y si Dios no lo escondió de nosotros, ¿por qué habría yo de hacerlo? Hay una gran lección que aprender. Dios le dio a Salomón sabiduría, y él la utilizó para generar todo tipo de éxito, pero, lamentablemente al final de su vida, vemos que también utilizó sus recursos para hacer el mal.

De acuerdo a la Biblia en 1 de Reyes 11:1-4,6 NVI:

> "Ahora bien, además de casarse con la hija del faraón, el rey Salomón tuvo amoríos con muchas mujeres moabitas, amonitas, edomitas, sidonias e hititas, todas ellas mujeres extranjeras, que procedían de naciones de las cuales el Señor había dicho a los israelitas: «No se unan a ellas, ni ellas a ustedes, porque de seguro les desviarán el corazón para que sigan a otros dioses.» Con tales mujeres se unió Salomón y tuvo amoríos. Tuvo setecientas esposas que eran princesas, y trescientas concubinas; todas estas mujeres hicieron que se pervirtiera su corazón. En efecto, cuando Salomón llegó a viejo, sus mujeres le pervirtieron el corazón de modo que él siguió a otros dioses, y no siempre fue fiel al Señor su Dios como lo había sido su padre David . …Así que Salomón hizo lo que ofende al Señor y no permaneció fiel a él como su padre David".

En el mundo actual, hay muchas historias, algunas reales y otras elaboradas, de las cuales podemos aprender. Basta con mirar Hollywood para aprender—de todos los errores y desobediencia. Cuando escuchamos la palabra Hollywood, algunos de nosotros pensamos en actores, actrices y otras personas adineradas que viven una vida de glamour, fama y fortuna. Pero si hemos de mirar más de cerca, veríamos que en la mayor parte de sus vidas, no hay nada deseable. Ciertamente viven en grandes mansiones, conducen los autos más bonitos y caros, y visten lo último de la moda. Pero todo lo que tienen es sólo superficial. Después de todo, ¿de qué sirve ganar el mundo y perder su alma? Hoy en día, no puedo pensar en alguna estrella de Hollywood que todavía esté casado con su primera esposa. Familias separadas, niños con problemas, matrimonios destruidos no son la excepción sino la norma.

Volviendo a Salomón, déjeme decirle que él tuvo un gran comienzo. Su padre, el Rey David, le proveyó de dinero y recursos necesarios para construir el templo.

Cuando el Señor Dios lo visitó en sueños y le preguntó que quería, Salomón pidió sabiduría para liderar a la gente y Dios se la dio. Salomón se convirtió en el hombre más famoso y rico. La Biblia dice que no hubo hombre más rico y sabio que Salomón.

Pero Salomón se olvidó de que era Dios quien le había dado todo, que fue Él quien lo hizo grande y sabio. El corazón de Salomón ya no se dirigía a Dios sino a satisfacer su propio apetito y deseo carnal. Se desvió del camino de Dios y comenzó a vivir a su manera, y en el proceso fue dejando a Dios fuera de su vida. Siglos más tarde al leer su historia es fácil ver lo mucho que podemos aprender de su experiencia. Dios nos da todos estos ejemplos para que podamos aprender de ellos, y en el caso de Salomón, Dios nos está mostrando que la poligamia no es parte de Su plan.

Dios miró a la tierra para ver si había al menos una persona justa, pero no encontró a nadie. Sólo hay uno quien podría afirmar esa verdad y esa persona es Jesucristo. Él vino a la tierra como uno de nosotros, 100 por ciento humano y 100 por ciento Dios. Él era Dios en carne humana. Anduvo por las calles, subió la montaña para orar, y hasta caminó sobre el agua. Después de su resurrección, Jesucristo ascendió al cielo de donde vino originalmente. Era perfecto en todos los sentidos, y todavía lo es.

En su forma humana, Jesús venció a la muerte y a todas las adversidades. ¿Por qué hizo eso? Lo hizo para enseñarnos que nosotros podemos hacer lo mismo. Todo el tiempo estamos rodeados de tentaciones de la misma manera que Él lo estuvo pero nos enseñó a resistir al diablo y nos dijo que huirá de nosotros. Con su Espíritu como nuestro guía y protector, nos hacemos fuertes en Él. Con su Espíritu en nosotros, podemos hacer todas las cosas por medio de Áquel que nos da fuerza.

Triángulo Amoroso

¿Sabía usted que su vida no está controlada por la suerte? En el jardín, Dios creó el matrimonio ideal. Él hizo a Eva la pareja perfecta para Adán. Cuando Dios hace un matrimonio perfecto entre dos personas que permanecen en Él, se convierten en fuertes el uno para con el otro. Somos nosotros los que nos desviamos de la alineación perfecta de Dios, y cuando lo hacemos, nuestro matrimonio comienza a derrumbarse. Cuando los deseos de la carne dominan, comenzamos buscando la satisfacción fuera de nuestro matrimonio. Entonces el matrimonio ideal deja de ser ideal. Esto sucede cuando nos desconectamos de Dios.

Me gusta lo que el artículo del Dr. JR Bruns dice sobre el tema del matrimonio ideal. "El matrimonio ideal se basaría en un noviazgo saludable en lugar de una intimidad artificial y búsqueda de aprobación. Sería el modelo de un matrimonio de compañeros, ambos socios que experimentarían un satisfacción mutua, desarrollo y satisfacción personal, y una permanente relación romántica".

El matrimonio de Adán y Eva era perfecto. Ellos fueron los únicos en el jardín. No hubo citas prematrimoniales, no hubo romances fuera del matrimonio o deseo de estar con otros. Debido a que eran los padres de toda la humanidad, vieron a todos como a sus hijos. Ya no estamos en el jardín, y la población ha crecido, tal como Dios dijo que lo haría cuando le prometió a Abraham que su descendencia sería como la arena del mar. Teniendo en cuenta que hay muchas personas, tenemos que educar nuestros ojos y oídos. Nuestros ojos son las ventanas de nuestra alma, y los hombres en particular son impulsados por lo que ven. Las mujeres, sin embargo, son generalmente impulsadas por lo que escuchan. En la sociedad actual, tenemos que disciplinar tanto nuestros ojos como nuestros oídos para no caer en la tentación. Me gusta lo que el apóstol Pablo enseñó al joven Timoteo acerca de este asunto cuando dijo: "Trata a las mujeres mayores como lo harías con tu madre y trata a las jóvenes, como a tus propias hermanas, con toda pureza" (1 Timoteo 5:2).

Muchos hombres han violado sus votos y han procurado el satisfacer sus deseos en lugares distintos que con sus cónyuges. En el matrimonio, el único triángulo amoroso debe ser el esposo, la esposa, y Dios. Necesitamos este triángulo para que nuestros matrimonios sean fuertes, satisfactorios, fructíferos, seguros, y bendecidos.

¿Un Sueño o Una Pesadilla?

Un triángulo amoroso sin Dios siempre resulta en pérdida. La mayor parte del tiempo si una persona comete adulterio, él o ella no será capaz de ocultarlo. El Espíritu del Señor condenará a la persona, y todo saldrá a la luz tarde o temprano, sea física o espiritualmente. La siguiente historia revela la realidad y las consecuencias de la infidelidad.

Un hombre se enteró de que le estaba naciendo un hijo en una sala de partos de un hospital local. Él había estado engañando a su esposa con esta mujer que ahora lo estaba llamando a que viniera a ver al niño. Se presentó en el lugar y se acercó al pequeño para ver si el recién nacido se le parecía o no. Quería saber por sí mismo si el recién nacido era realmente el suyo.

Al estar casado por más de diez años, su primer pensamiento fue: *¿Y si la madre de este recién nacido quiere que me quede con ellos? ¿Qué diría mi esposa sobre eso?* Había estado jugando con fuego y ahora se encontraba enredado en las consecuencias de un horrible triángulo amoroso.

De repente, el hombre se despertó "¡Ah, es sólo un sueño!", exclamó. Luego añadió: "¡Gracias, Dios! ¡Qué alivio!"

A pesar de que para el hombre de nuestra historia todo fue sólo un sueño, ¿sabe usted que muchos hombres y algunas mujeres viven realmente ese tipo de vida? Dos identidades, dos vidas— es horrible; es impío. Lamentablemente, para algunas personas, esto no es un sueño, es una realidad—una realidad que los está persiguiendo, una realidad dolorosa para todos en su hogar.

¿Quién sufre la mayor consecuencia cuando una persona casada vive en pecado y adulterio? Los niños. Ellos son los que quedan sin protección y con el sello de maldiciones generacionales. Cuando un hombre pierde la cabeza, también pierde sus posesiones, su mujer, y en última instancia, su salvación si no se arrepiente y no peca más. Aquí está la historia de una mujer que tuvo que lidiar con el dolor de un marido infiel.

Rebecca llevaba casada veintidós años. Ella era ama de casa y no tuvo un trabajo fuera de la casa hasta que dejó a su marido quien estaba teniendo una aventura. Antes que se fuera de la casa, ambos fueron a recibir consejería. Durante el tiempo de la consejería, él negó que estuviera teniendo una aventura. Trataba a Rebecca como si ella estuviera loca, insistiendo con el terapeuta que era ella quien estaba inventando cosas. Rebecca tenía al Señor, y aunque su esposo le era infiel, ella se aferró a su Señor Jesucristo.

La pareja tenía tres hijos. Cuando Rebecca y su esposo finalmente se separaron, los niños tenían veintiún años, diecinueve años, y dieciséis años de edad. Rebecca comenzó a trabajar fuera de la casa y también comenzó a buscar a Dios más de lo habitual.

Aprendió a aferrarse a Él y encontró a su verdadero amor en Dios, siempre alabándole y comunicándose con Dios adonde fuere.

Rebecca se encontró con un montón de hombres que querían salir con ella, pero ella no les prestó atención, porque ellos solo estaban en busca de una aventura y ella no estaba interesada en nada de eso. Ella se deshacía de sus pretendientes con una simple pregunta: "¿Cuáles son sus intenciones al invitarme a salir?" Debido a su estrecho caminar con el Señor, ella sabía lo que quería, porque el Señor puede advertirnos de cualquier daño potencial. Rebecca había desarrollado una relación tan estrecha y fuerte con el Señor Dios que su fe y amistad con Él eran inquebrantables.

Luego de un tiempo. Rebecca le pidió a Dios por una pareja. La siguiente semana le conoció. Un hombre que Dios tenía preparado para ella. En la actualidad lleva ocho años casada con este hombre y dice: "Ha sido una bendición, estoy viviendo una vida bendecida".

Rebecca fue a la escuela y se graduó de profesora. Ahora tiene un trabajo enseñando a jóvenes. Cada oportunidad que tiene no solo les enseña cosas académicas sino que también comparte con ellos el amor y los caminos del Señor. Rebecca también tiene un ministerio que el Señor puso en su corazón debido a su compasión y compromiso con los niños. A pesar de todas las cosas negativas que le han ocurrido en la vida, ella se ha mantenido fiel a Dios Todopoderoso.

Aprende a decir no

El tener más de un cónyuge ha sido una práctica no solo de los hombres sino también de las mujeres. Este acto es llamado *poliandria*. La Real Academia de la Lengua Española define poliandria como "estado de una mujer casada con dos o más hombres".

Alguien contaba la historia de una mujer que tenía dieciocho hijos. Lo interesante no era que ella tenía dieciocho hijos—ya que hay mujeres que han tenido la misma cantidad o más—lo interesante era el hecho de que cada niño había sido engendrado por un hombre diferente. Según la historia, un periodista entrevistó a la madre y le preguntó: "¿Le importaría decirnos cómo ocurrió todo esto y por qué dieciocho hombres diferentes?" Respondió la mujer: "La razón por la que cada niño tiene su propio padre se debe a que cuando cada uno de ellos me invitó a salir y no pude decirles que no".

Por supuesto que esta es una broma, pero revela el problema que algunas personas tienen. Algunas personas se muestran demasiado disponibles y aceptan toda sonrisa e invitación para salir en una cita. La cita avanza y la aventura de una noche se convierte en un niño por nacer. La mujer en la historia, obviamente, no conocía los caminos del Señor. Como resultado, terminó con dieciocho niños de dieciocho hombres diferentes, y ahora todos ellos sin padre solo porque ella no podía decir que no. Como nos dice la Palabra, ¡que tu sí sea sí, y tu no sea no!

Capítulo 7

Hijo de Pacto

A medida que vivamos nuestras vidas teniendo a Dios como el centro de ellas y sigamos su guía, recordemos que Él le dio una sola mujer a un solo hombre, no dos o más. Si ese no fuera el caso, Dios le habría dado a Adán muchas esposas. La poligamia es la obra del enemigo, quien indujo el escuchar nuestro propio entendimiento y actuar en contra de la voluntad de Dios.

Vivimos en un mundo que se mueve a un ritmo acelerado. Cuando Dios nos promete algo, lo queremos ahora—de inmediato. La impaciencia echa raíces, y comenzamos a hacer las cosas apresuradamente. Sin embargo, esto es contrario a lo que Dios dice. Él nos recuerda en su Palabra, "Espera con paciencia al Señor;

sé valiente y esforzado;

sí, espera al Señor con paciencia" (Salmo 27:14).

Cuando Dios le prometió a Abraham un hijo, Sarah no podía creerlo. En primer lugar, era mayor, y en segundo lugar, era estéril, aun cuando era joven. Al tomar el asunto en sus propias manos, ella le dio libertad de acción a su marido para que tenga relaciones sexuales con Agar, su sierva. Cuando Agar concibió, el recién nacido era fruto de Abraham, carne de su carne, pero no era el hijo de la promesa, el hijo del pacto.

Las Escrituras nos dicen que Abraham tuvo dos hijos:

> "Uno de la esclava y otro de la mujer libre. El hijo de la esclava nació por complicidad humana, el hijo de la libre nació por la promesa de Dios. Esto ilustra precisamente lo que estamos tratando ahora. Los dos nacimientos representan dos diferentes formas de tener una relación con Dios. Una es del monte Sinaí en Arabia. Corresponde con lo que hoy sucede en Jerusalén, una vida de esclavos, produciendo una descendencia de esclavos. Esta es la forma de Agar. En contraste, una Jerusalén invisible, una Jerusalén libre, y ella es nuestra madre, este es el camino de Sarah. Recuerde lo que escribió Isaías:
>
> 'Alégrate, mujer estéril que no tienes hijos, grita y grita fuerte mujer que no tiene dolores de parto, porque los hijos de la mujer estéril ahora superan a los hijos de la mujer elegida'.
>
> ¿No es claro, amigos, que como Isaac, sois hijos de la promesa? En los días de Agar y Sara, el niño que vino de la infiel connivencia (Ismael) acosó al niño que llegó por el poder del Espíritu, de la fiel promesa (Isaac). ¿No es claro que el acoso que ahora están experimentando de parte de los herejes de Jerusalén sigue ese viejo patrón? Hay una Escritura que nos dice lo que debemos hacer: "Expulsa a la madre esclava con su hijo, porque el hijo de la esclava no heredará con el hijo libre" ¿No es esto concluyente? No somos hijos de la esclava, sino de la libre.
>
> —GÁLATAS 4:22–26 (Traducción libre de la Biblia El Mensaje)

Hoy en día cuando vemos a una familia que está viviendo de acuerdo a la voluntad de Dios y a sus mandamientos, es fácil ver que sus vidas y su descendencia son mejor que la de aquellas familias que viven en esclavitud y pecado.

Obviamente a medida que pasa el tiempo, nos estamos acercando a la segunda venida del Señor. Conforme nos acercamos a ese momento, las cosas están empeorando. El enemigo sabe que su tiempo se acorta, por lo que está trabajando furiosamente. Por ejemplo, en 1984 la goma de mascar estaba prohibida en un salón de clase de la escuela secundaria. Compare este hecho con lo que ocurre en el año 2012 donde se necesita de detectores de metal en los pasillos de la escuela. Los estudiantes no llevan goma de mascar en sus bolsillos o mochilas, sino armas y otros artefactos destructivos. Las mentes y los cuerpos de nuestros niños han sido bombardeados con influencias negativas provenientes de los programas que ven en la televisión así como de la música que escuchan. Sus amigos, también, a menudo son malos ejemplos, y sus padres han dejado de lado el seguir el camino de Dios y viven su vida a su manera, a la forma carnal. ¿Cómo podemos servir al Señor en nuestros hogares cuando no tenemos autoridad en ellos?

Hollywood no es lo que solía ser. Hoy en día lo que ofrece está lleno de terror, violencia, magia, brujería, fornicación, adulterio, y todo tipo de cosas contrarias a las formas y los mandatos de Dios. No hace mucho tiempo, la nueva película de Batman, El Hombre Murciélago, se estrenó en Aurora, Colorado. Un joven vestido como el Guasón entró armado a la sala cinematográfica y disparó a setenta personas matando a doce. ¿Quién influyó en él? Desde luego no fue su madre o su padre, pero si la mente perversa que escribió el guión de una película que se está proyectando en la pantalla grande en todo el país y alrededor del mundo.

De acuerdo al reporte de Will C. Hoden del Canal de Noticias Fox 31 en Colorado, "La policía de la ciudad de Aurora detuvo a un hombre cerca de su coche el cual estaba estacionado en la parte trasera de la sala de cines. James Holmes, un hombre de 24 años de edad, cabello color rojo dijo a las autoridades federales que era el Guasón, el famoso villano de Batman. El Hombre Murciélago. Llevaba con él un rifle de asalto AR-15, una Remington 870 calibre 12 y una pistola Glock calibre 40. Otra arma de fuego calibre 40 fue encontrada en el vehículo. Las autoridades creen que Holmes compró un boleto para el cine, entró a la sala temprano y dejó abierta la puerta de salida de emergencia para reingresar deslizándose silenciosamente preparándose para el tiroteo".

Nuestros hijos están aprendiendo y siendo influenciados por lo que ven en estas películas llenas de violencia, inmoralidad sexual, infidelidad y adulterio. Pareciera que estamos viviendo en los tiempos de Sodoma y Gomorra donde la desobediencia estaba a la mano y el Señor tuvo que destruir ambas ciudades para proteger la tierra de su inmoralidad.

Discernimiento Divino vs Discernimiento Impío

Lo que las personas aprenden de las películas, y de las telenovelas a menudo lo practican en casa y en el trabajo. ¿Qué sucede cuando se encuentra en una situación fuera de control, especialmente en el lugar de trabajo, cuando enfrenta a alguien poseído por malos deseos? ¿Qué hace cuando en el trabajo alguien en una posición más alta le acosa sexualmente? ¿Qué si esa persona es su jefe? Al estar en una posición de poder, podría sentir que esa persona está en condición de exigir lo que desea. Puede temer que si se niega, se le despida o castigue. En situaciones como esta, hay que recordar que Dios nos ha dado la Biblia, un libro de instrucciones que contiene ejemplos relativos a este asunto.

Permítame compartir dos ejemplos muy conocidos encontrados en la Biblia. El primero trata de José, un joven íntegro y moral, un hombre que conocía y temía al Señor. Jacob, su padre, le enseñó los caminos del Señor y sus enseñanzas, José tuvo muchos encuentros personales con Dios. No voy a narrar toda la historia pero resumiendo, José aparentemente era el hijo favorito de su padre pues era el hijo de su amada Raquel. Los otros hijos de Jacob sentían antipatía hacia José, una antipatía que nacía del resentimiento por el favoritismo de Jacob hacia él.

Un día los hermanos de José planearon asesinarlo pero en su lugar lo vendieron como esclavo. (Puede leer la historia completa comenzando en Génesis 37) José fue llevado a Egipto donde fue comprado por un hombre llamado Potifar, capitán de la guardia y oficial de Faraón. Me encanta lo que la Biblia nos cuenta de José:

> "El Señor estaba con José, por eso tenía éxito en todo mientras servía en la casa de su amo egipcio. Potifar lo notó y se dio cuenta de que el Señor estaba con José, y le daba éxito en todo lo que hacía. Eso agradó a Potifar, quien pronto nombró a José su asistente personal. Lo puso a cargo de toda su casa y de todas sus posesiones. Desde el día en que José quedó encargado de la casa y de las propiedades de su amo, el Señor comenzó a bendecir la casa de Potifar por causa de José. Todos los asuntos de la casa marchaban bien, y las cosechas y los animales prosperaron."
>
> —GÉNESIS 39:2–5

Potifar le dio la bienvenida a José y lo llevó a su casa para que la administrara. La esposa de Potifar estaba complacida de tener a José en casa todos los días. Él era joven, atractivo y masculino, y la esposa de Potifar había puesto sus ojos en el joven. Un día, ella trató de seducirlo, pero no tuvo éxito porque José se negó y se fue del lugar. La segunda vez fue aún más decidida a conseguir su propósito. Al ser la esposa de la mano derecha de Faraón, trató de usar su autoridad para salirse con la suya. Pero José no fue movido por sus credenciales, él recordaba los mandamientos de su Padre celestial que se le habían sido enseñados a través de Jacob. Así que en lugar de ceder a las demandas de la mujer, José escapó, dejando atrás su manto y la esposa de Potifar se aferró a él. Al ser rechazada, la esposa de Potifar estaba furiosa.

¿Qué hubiera hecho en una situación así? ¿Cómo hubiera manejado esta situación? Hiciera lo que hiciera tal vez hubiera provocado igualmente la pérdida de su trabajo. ¿Cómo iba a ir a su amo y decirle que su esposa quería tener relaciones sexuales con él? ¿A quién le creería Potifar? Así como José, prefiero perder mi trabajo antes que perder mi carácter. Prefiero perder mi camisa antes que perder mi integridad. Prefiero perder el favor del hombre que perder el favor de Dios.

Debido a las acusaciones de la esposa de Potifar contra José, fue enviado a la cárcel. A pesar que la esposa de Potifar deseaba la muerte de José, al no encontrase suficiente evidencia para apoyar la acusación, José fue enviado a prisión. El lugar donde fue recluido era la prisión real y aun allí, la mano del Señor estaba con él.

En esta historia, podemos aprender algunas cosas importantes. En primer lugar, observe que Potifar le dio autoridad a José para administrar su casa mientras él trabajaba. Potifar estaba tan absorto en su trabajo que dejó a su esposa sin protección y tal vez insatisfecha físicamente. Pero el carácter de José era fuerte, y se negó a ceder a las demandas de esa mujer.

También podemos ver que la reputación se construye en un día, mientras que el carácter se construye durante toda una vida, sin embargo ambos se pueden perder en un segundo. Finalmente, José salió de la cárcel y fue colocado en una posición de liderazgo. José fue nombrado el segundo al mando en la tierra de Egipto, cumpliéndose así todos los sueños que Dios le había dado cuando él era apenas un adolescente.

A los ojos de los egipcios que lo compraron, José era un esclavo de buen semblante. Pero él no era un esclavo, era el ungido de Dios, vendido como esclavo en un país extranjero. ¿Está usted en un país extranjero, en un trabajo en el que está siendo considerado como esclavo, o como un objeto sexual, al igual que José? Si ese es el caso, no hay que olvidar que a los ojos de otras personas, es posible que se vea como un esclavo, pero a los ojos del Señor, usted es un rey o una reina en proceso.

El segundo ejemplo que quiero compartir con ustedes es el de Betsabé, esposa de Urías. Israel estaba en batalla con los hijos de Amón, pero el rey David se mantuvo en su palacio. La Biblia nos dice que una noche David caminaba por la azotea del palacio. Tal vez el campo de batalla estaba cerca y quería una vista panorámica del mismo o tal vez David tenía una visión 20/20, o estaba usando binoculares. La Biblia no lo dice, y realmente no importa, lo que importa es lo que si dice, que David vio una mujer bañándose, ella era hermosa, y cautivó el corazón del rey.

Echemos un vistazo a lo que sucedió: "Una tarde, al levantarse David de la cama, comenzó a pasearse por la azotea del palacio, y desde allí vio a una mujer que se estaba bañando. La mujer era sumamente hermosa, por lo que David mandó que averiguaran quién era, y le informaron: «Se trata de Betsabé, que es hija de Elián y esposa de Urías el hitita.» Entonces David ordenó que la llevaran a su presencia, y cuando Betsabé llegó, él se acostó con ella. Después de eso, ella volvió a su casa. Hacía poco que Betsabé se había purificado de su menstruación, así que quedó embarazada y se lo hizo saber a David" (2 Samuel 11:2-5 NVI).

Cuando David vio por primera vez a Betsabé, le pidió a su siervo que la fuera a buscar. Creo que la mujer vino y se acostó con él a causa de su poder como rey. En aquel tiempo en Israel, de acuerdo con la ley judía, cometer adulterio significaba la muerte para los culpables. Pero David y Betsabé estuvieron cegados con relación a las consecuencias y quebrantaron tanto la ley del hombre como la ley de Dios. Las consecuencias de hecho llegaron. Poco tiempo después, Betsabé descubrió que estaba esperando un bebé del rey. Preocupado por las noticias, tratando de cubrirse y evitar el castigo, al poderoso rey se le ocurrió una solución. Poco sabía él que eligió el camino equivocado que lo llevó a pecar una vez más contra Dios. Aunque podamos escondernos todo el tiempo de la gente, nunca jamás podemos escondernos de Dios—¡nunca!

El poder terrenal y la posición ganaron en el caso de la tentación de David. Cuando David preguntó acerca de la mujer, alguien dijo: "Es Betsabé, hija de Elián y esposa de Urías el hitita" (v. 3). En otras palabras: "señor, rey, el nombre de esa mujer es Betsabé, y ella está casada". Ella es la esposa de Urías, un soldado que mientras estamos hablando, está en el campo de batalla, señor". Por supuesto que a David no le importaba si estaba casada, él era el rey, y se hace lo que el rey ordena, ¿verdad?

¿Qué hay de Betsabé? ¿Por qué aceptó? ¿Estaba halagada de que el rey estaba interesado en ella? ¿Estaba aterrorizada de rechazar la petición del rey? Fuera lo que fuera, lo único que puedo decir es que ambos dejaron fuera a Dios. Ambos descuidaron su alineación vertical con el Dios Todopoderoso y sólo se centraron en su relación horizontal con los demás.

Después de la desobediencia catastrófica, David fue declarado culpable y pidió a Dios que lo perdonara. Dios lo perdonó y le devolvió la vida, pero las maldiciones generacionales llegaron a su linaje. Su pecado iba a tener consecuencias. Dios envió al profeta Natán al rey, y esto es lo que él le dijo a David:

»Pues bien, así dice el Señor: "Yo haré que el desastre que mereces surja de tu propia familia, y ante tus propios ojos tomaré a tus mujeres y se las daré a otro, el cual se acostará con ellas en pleno día. Lo que tú hiciste a escondidas, yo lo haré a plena luz, a la vista de todo Israel." — ¡He pecado contra el Señor! —reconoció David ante Natán. —El Señor ha perdonado ya tu pecado, y no morirás —contestó Natán—. Sin embargo, tu hijo sí morirá, pues con tus acciones has ofendido al Señor.

—2 SAMUEL 12:11-14 NVI

Así como dijo Natán, el recién nacido fue atacado con una enfermedad mortal y después de una semana murió. Cosechamos lo que sembramos. Sí, Dios perdonó a David, pero todavía había consecuencias de su pecado. Si lee la historia completa, usted aprenderá que nuestras acciones acarrean consecuencias. En los años que siguieron, en la casa de David se vivieron situaciones complicadísimas. Uno de sus hijos trató de matarlo, y el otro violó a una de sus hermanas. Los pecados generacionales eran interminables, exactamente como Dios le había dicho. Y todo esto sucedió porque David desobedeció y pecó, porque su carne fue más fuerte que su espíritu.

¿Qué podemos aprender de estas historias? Estoy seguro de que todos estamos complacidos de no vivir en el antiguo pacto, cuando la persona que hacía algo mal era eliminada inmediatamente. En el nuevo pacto, los pecadores no son eliminados de inmediato, serán juzgados por el Señor Jesucristo, ya sea a condena o libertad. Cuando pecamos, no debemos pensar que todo está bien sólo porque no vemos que nada malo nos suceda de inmediato. Todos vivimos la vida sobre la base de nuestras propias decisiones y acciones, y todos vamos a ser juzgados cuando llegue el día del juicio.

Usted podría estar pensando, *sí, pero esas son viejas historias de la Biblia. Quiero escuchar nuevas historias.* Lo crea o no, historias como éstas continúan sucediendo hoy y todos los días.

La razón por la que no se oye hablar de ellas es que la mayoría de los involucrados no desean salir a la luz con sus experiencias.

Muchos jóvenes probablemente se relacionan con la siguiente historia. Al entrar a ser parte de la fuerza laboral, pueden ser escogidos y dirigidos por una mujer quien está en una posición de autoridad. Esta mujer puede ser más mayor, casada y tener hijos propios.

Venciendo la tentación

A los diecinueve años de edad, me encontré trabajando en el departamento de limpieza de un gran hotel, en Long Island. Este fue mi segundo trabajo grande, y en él me relacioné con muchas personas de diferentes países. Cuando empecé, me encontré con Mark, quien había comenzado tres semanas antes que yo y estaba mostrándome el lugar e instruyéndome en mis nuevas funciones. Mi primer día de trabajo fue muy divertido. Todo el mundo parecía amable, y unos cuantos de mis compañeros de trabajo se me acercaron presentándose a sí mismos. Caras sonrientes estaban por todas partes.

En el segundo día, luego que Mark y yo habíamos estado trabajando, nos tomamos un descanso y fuimos a la cafetería. Cuando nos sentamos a la mesa, de repente me di cuenta de una dulce y linda cara sonriente que se acercaba a nuestra mesa. La mujer se presentó, dándome la bienvenida y ofreciéndome su ayuda. Más tarde me enteré de que era una de las supervisoras, y Mark y yo éramos parte de su equipo.

Luego que ella dejó nuestra mesa, Mark volteó hacia mí con una enorme sonrisa en la cara y me dijo, "Tu le gustas". Inmediatamente repliqué, "Estás loco"; pero luego de su comentario pensé, *Es hermosa pero un poco mayor de edad para mí.*

Mark me dijo, "Anda. Pareciera que tu presencia la ha movido. En mis tres semanas de trabajo aquí, nunca la he visto tan feliz. Me he dado cuenta que varios hombres han tratado de conquistarla, pero nadie ha tenido suerte".

La mujer tenía treinta y dos años, estaba en buena forma y era atractiva. Era divorciada tenía dos hijos. En este punto en mi vida, mi mente no estaba enfocada en tener una familia y tampoco estaba buscando una aventura por lo que no inicié ningún tipo de relación con ella porque no sabía adónde nos llevaría.

Durante un mes entero, esta mujer me sonreía y saluda cada vez que me veía. Un día, sin embargo, se me acercó y me preguntó: "¿Por qué eres tan callado?", Le respondí simplemente: "No sé". Durante toda mi vida, yo había sido una persona callada; ni siquiera podía recordar el haber sostenido una conversación completa con mis propios padres. Yo era una persona callada y tímida y no sabía cómo iniciar una conversación con alguien. Así que la mujer comenzó a conversar conmigo, y todo el mundo en la cafetería se dio cuenta que ella estaba tras de algo.

Luego de un corto tiempo la vi nuevamente en la cafetería. Estaba mirándome mientras le decía a uno de sus colegas, "Este es mi enamoradito". Yo solo sonreí. En una semana, ella regularmente me llamaba su enamoradito, sin importar quien estuviera alrededor.

Un día estaba yo ocupado con mis obligaciones caminando en el pasadizo del cuarto piso del hotel cuando ella se me acercó con una sábana en la mano y me dijo, "Hola. Te he estado buscando". Lo único que dije fue, "oh". Yo tenía diecinueve años pero para ser honesto, mi mente no tenía la misma edad. Le doy gracias a Dios que a mis diecinueve años mi mente era ingenua y pura. La mujer me dijo, "Ven conmigo. Necesito de tu ayuda para poner esta sábana en la cama".

No tenía idea de lo que esta mujer tenía en mente; solo sé que mi mente no estaba enfocada en nada que no fuera el trabajo. Ella era mi supervisora así que no cuestioné el ir con ella a cambiar la sábana. Cuando abrió la puerta del cuarto se dio la vuelta y me sonrió. Déjeme decirle que afortunadamente yo era extremadamente tímido, mi carácter era fuerte y mis valores morales estaban reforzados por mi temor a Dios desarrollado desde muy joven.

Entramos en el cuarto, y me dije a mí mismo, *¡Qué preciosa habitación!* Una enorme cama matrimonial estaba ubicada en medio. Las cortinas estaban cerradas, y la única luz en la habitación provenía de las dos pequeñas lámparas a cada lado de la cama. Yo miraba con admiración la belleza de la habitación, y luego miré a Juanita, mi supervisora, quien estaba de pie frente a la cama, mirándome y sonriendo. Finalmente me di cuenta de que algo estaba ocurriendo y me dije, *¡Juanita me tiene en una habitación!*

Con la sábana en la mano, Juanita dijo, "tengo que poner esto entre la cama y el colchón. Voy a levantar el colchón, y tú la pones". Ella levantó la parte trasera del colchón y dijo: "Está bien, ponla", y lo hice. Puse la sabana entre el colchón y la cama, luego me dijo: "Voy a levantar el otro extremo, y hacer lo mismo", y lo hice. Después de eso, hubo un momento de silencio. Me di cuenta que ella estaba un poco nerviosa, pero me miró con esa cálida, dulce, seductora sonrisa y me dijo: "Gracias. Tengo todo bajo control. Ya te puedes ir".

Le voy a decir una cosa, di gracias a Dios pues me protegió ese día. Salí de la habitación, con la frente en alto. Había superado la tentación. En ese momento, en esa habitación, sabía que Juanita estaba haciendo algo para lo que yo no estaba preparado. Unos días más tarde, me encontré con un nuevo trabajo, y nunca la volví a ver, alabado sea el Señor.

Hoy en día muchos hombres y mujeres jóvenes se gradúan de la escuela secundaria y la universidad y entran a la fuerza laboral. Allí hombres y mujeres mayores tratan de seducir a estos jóvenes. Puede ser alguien como Juanita, una mujer divorciada o separada, que escoge a un hombre joven para ayudarla con sus hijos y los quehaceres de la casa. Demasiadas veces, el joven en esta situación se involucra tienen un hijo juntos y comienzan a vivir en pecado sin casarse, luego terminan separándose, y el niño termina huérfano. Esto no es lo que Dios nos enseñó en el Jardín del Edén. Recordemos que nuestra lucha no es contra sangre y carne, sino contra espíritus malignos que luchan contra nosotros.

Las personas solteras necesitan conocer el propósito de Dios en su vida. De esta manera, si Dios determina que usted necesita una pareja, le enviará la persona adecuada en el momento adecuado. Esta será una persona elegida por Dios, no alguien deseado por su carne, será alguien hecho especialmente para compartir su vida. Unida a esta persona especial, estará en el camino hacia un matrimonio bendecido. Cuando esté en busca de esta persona, debe ser dirigido por su corazón y no su mente. Aún más importante, tiene que ser dirigido por el Espíritu del Señor para que pueda tomar la decisión correcta y empezar a construir una familia conforme al plan divino criando a sus hijos para Él.

Capítulo 8

Apostándolo Todo

*L*a historia de Rubén es una historia tanto de aventura mortal como de sabiduría. Es sabia en función de que Rubén sabía lo que estaba haciendo, lo que estaba buscando, y lo que quería. Es mortal porque ingenuamente pecó contra Dios y este hecho permitió el ingreso de maldiciones generacionales en su familia.

Su historia es la siguiente: A los veinticinco años de edad, Rubén había aceptado recientemente a Jesús como su Señor y Salvador. A pesar que había comenzado a desarrollar temor del Señor, aún no había renunciado completamente a sí mismo y a su mala conducta. Acababa de terminar una relación de cuatro años con su novia. Una de las razones por la que la relación terminó fue debido a la inseguridad y los celos de Rubén. Su novia tenía un buen número de amigos y era muy amable con todo el mundo. No siendo capaz de manejar esto, Rubén finalmente se dio cuenta de que ella no era la joven con la que quería invertir toda su vida, y decidió dejarlo todo. Seis meses más tarde, aun sufriendo por lo ocurrido, conoció a otra muchacha. De inmediato salió con ella, pero desde el principio, sabía que ella no era la mujer con quien quería pasar su vida, y él se lo hizo saber. Descubrió que esta mujer se había divorciado recientemente, y los dos estaban en una situación similar de dolor y desesperación. También se enteró de que este era su segundo divorcio y que tenía dos hijos.

Contándome su historia Rubén me dijo, "¿Puedes creer lo que pasó por mi mente cuando descubrí todo de sus propios labios? Yo sabía que ella no era la mujer de mi vida, pero me encantaba la abierta comunicación que teníamos. Ella me dijo todo antes que saliéramos, y yo también lo hice. Le dije que no quería tomar en serio ninguna relación por el momento y que no tenía planes de enamorarme de ella. También le pedí que no se enamorara de mí." Rubén llegó a decir que cuando él dijo que no se enamoraría de ella y le pidió que no se enamore de él, ella se limitó a sonreír, como si dijera: "Déjame eso a mí".

Fornicación

La palabra *fornicación* de acuerdo al Diccionario de la Real Academia de la Lengua Española significa: "Tener ayuntamiento o cópula carnal fuera del matrimonio" lo que es considerado una "inmoralidad sexual" o pecar contra el Señor. Sin darse cuenta de las implicancias de la fornicación, Rubén dijo que sólo hizo lo que otros hacían. Vio lo que la gente estaba haciendo y lo copió.

Rubén compartió que él 'anotó' en su primera cita. "Uno quería, y el otro lo necesitaba", explicó. "A uno le gustó, y al otro le encantó", agregó. Continuando con su relato, Rubén dijo: "Fue una gran experiencia para mí, porque yo había estado pensando en ello durante más de seis meses. Siendo joven y estando lleno de energía, me alegré de lo que hicimos. Quiero decir, ¿Qué se puede esperar? Ella tenía toda la experiencia, y yo estaba ansioso por aprender".

Rubén agregó: "La razón por la que creo que lo hicimos fue a causa de algo que sucedió cuando la llevé a casa esa noche. La acompañé hasta la puerta y le di un beso en la mejilla, diciendo: 'Realmente pasé un buen rato esta noche. Tal vez podemos hacerlo de nuevo.' Ella rápidamente respondió: '¡Si es que hay otra vez!' Algo así como que, 'Yo no creo que haya una próxima vez'".

"Tan pronto como me enteré de eso, supe que de alguna manera lo había echado a perder. Ella no iba a salir conmigo otra vez, así que me dije a mí mismo, *Esto es. Esta es mi oportunidad. Es ahora o nunca.* Empecé a continuar la conversación, y pronto me invitó a entrar a su casa. Cuando entré, descubrí que estábamos solos, y el resto es historia".

Escuchando la historia de Rubén, le comenté, "Ese fue el comienzo de algo bueno para la carne, pero mortal para el espíritu." Dije "mortal para el espíritu", porque Rubén no estaba casado y estaba fornicando, una obra de la carne que Dios desaprueba. De hecho, es una abominación para Dios. Dios llegó a decir que los que practican la fornicación no heredarán el reino, sin embargo cuando usted no sabe, simplemente no lo sabe. Sin embargo, como está escrito en la Biblia, "Cuando ustedes siguen los deseos de la naturaleza pecaminosa, los resultados son más que claros: inmoralidad sexual, impureza, pasiones sensuales, idolatría, hechicería, hostilidad, peleas, celos, arrebatos de furia, ambición egoísta, discordias, divisiones, envidia, borracheras, fiestas desenfrenadas y otros pecados parecidos. Permítanme repetirles lo que les dije antes: cualquiera que lleve esa clase de vida no heredará el reino de Dios" (Gálatas 5: 19-21).

Rubén dijo que mantuvo una relación con esa persona durante cuatro años. Tras su segundo fracaso matrimonial, esta mujer aprendió acerca de los lenguajes del amor y cómo nos afectan. El lenguaje de amor de Rubén era el contacto físico, y ella dio en el blanco en su relación.

"Salí con ella durante cuatro años", explicó Rubén, "y en esos cuatro años, yo estaba físicamente, emocionalmente y sexualmente satisfecho. Recuerdo que otras mujeres estaban interesadas en mí, pero yo deseaba nada fuera de mi nueva relación. Yo ni siquiera miraba a otras mujeres, porque estaba bien alimentado en todos los ámbitos, especialmente en mi fuerte, la intimidad física".

Rubén continuó su relato: "Lo que me impidió coquetear con otras chicas era mi carácter fuerte. Además, empecé a desarrollar un temor al Señor y pronto me di cuenta muy dentro de mí, que estaba haciendo malo. El saberlo me hizo sentir incómodo, así que no iba a la iglesia. Tampoco tenía alguien a quien rendirle cuentas, sólo amigos y compañeros de bebidas y fiestas que se encontraban en la misma situación en la que yo estaba".

Cuando escuché esta historia, me dije a mí mismo, *¡hay mucho que aprender de esto!* Definitivamente podemos aplicar algunos de los conocimientos adquiridos a partir de la historia de Rubén al matrimonio. Aunque Rubén no estaba caminando plenamente en las cosas de Dios, él había hecho un compromiso con Él y sabía que no debía perder el tiempo. A pesar de que Rubén estaba viviendo en pecado con una mujer con quien no estaba casado, podemos aprender lo siguiente de su experiencia:

— Desarrolle el temor a Dios que le guíe en todas sus relaciones, especialmente en su matrimonio.
— Siga la dirección de Dios en todo.
— Averigüe cual es el lenguaje de amor de su pareja y aplíquelo.
— De todo de sí mismo.

Rubén estaba bien 'alimentado' en su relación, y por eso, no buscaba más comida o aperitivos fuera de su relación. Su compañera entendía sus necesidades y sabía que si no cumplía con ellas, podía ser fácilmente sustituida, y ella no estaba buscando que eso ocurriera en el corto plazo. Ella hizo todo lo posible para ganar su corazón y, finalmente, hacerlo cambiar de opinión acerca de terminar locamente enamorado de ella, esperando que al final se casarían. Una vez más, yo diría que esta historia es sabia y mortal al mismo tiempo.

Cuando uno se entrega por completo a su cónyuge, no se tiene ningún deseo fuera del matrimonio. Recuerde, el cuerpo de marido y mujer se pertenece el uno al otro. Me gusta la forma en que el apóstol Pablo lo explicó cuando dijo: "El hombre debe cumplir su deber conyugal con su esposa, e igualmente la mujer con su esposo. La mujer ya no tiene derecho sobre su propio cuerpo, sino su esposo. De la misma manera, el marido no tiene derecho sobre su propio cuerpo, sino su esposa" (1 Corintios 7:3-4 NVI).

Sin embargo cuando usted está insatisfecho sexualmente, empiezan los problemas. Usted comienza a buscar en otros lugares, otra carne, y termina en lujuria, lo que puede conducir fácilmente al adulterio. Recuerde, cuando usted desea a la pareja de otra persona, puede estar seguro que alguien está deseando a su pareja.

Cumplimiento de sus deseos

La historia de Jenny y Joe es muy diferente a la de Rubén. Jenny y Joe han estado casados durante veinticuatro años. Dios los ha bendecido con tres hijos, un matrimonio feliz, y un hogar feliz. El año pasado tuve una conversación con Jenny. Ella estaba buscando al Señor, y la guié en esa dirección. Parecía sentirse cómoda hablándome de su vida espiritual, de repente cambió de dirección y comenzó a hablar de su vida física con su marido.

Jenny dijo, "Sabes, no entiendo a mi esposo", a lo que respondí "¿qué quiere decir"?

"Mi esposo continua diciéndome que lo complazca siendo yo quien tome la iniciativa, y yo me pregunto que tiene en la cabeza". Jenny sabía el lenguaje de amor de su esposo pero ella no se comunicaba, no solo eso, rehusaba ponerlo en práctica.

Jenny continuó, "Él quiere que yo comience y termine el fuego de nuestra intimidad, pero en mis veinticuatro años de matrimonio, nunca lo he hecho y nunca lo haré. El tomar la iniciativa no está en mi".

"Entonces ¿cómo es que se enciende el fuego?" pregunté.

"Bueno, puede que esté acostada en la cama y él comienza frotando mi cuello, espalda, manos, pies, etc".

"¿Cómo se siente acerca de ello?"

"Me gusta, me gusta mucho. Luego de ello, el es recompensado con lo que realmente desea—sexo".

Creo que hay una gran cantidad de hombres devotos como éste, hombres de carácter fuerte que han desarrollado la confianza, la comunicación y el respeto a sus esposas y su Creador. Estos hombres sirven a sus esposas sin pedir nada a cambio, hablando el lenguaje de amor de sus esposas sin buscar nada a cambio. Aun deseando intimidad física, que saben nunca recibirán en la medida que ellos quieren, pero se mantienen firmes en lo que deben hacer. Parece que Jenny sufre de un bajo deseo sexual, pero cuando su marido trabaja sus maravillas, ella le da lo que él desea.

Kate Aldrich, en el blog "Matrimonio Una Sola Carne" se refiere a la Carencia de Sexo como el problema que a veces parejas como Joe y Jenny:

> En nuestra cultura actual se acepta e incluso espera que las mujeres sean las que luchan más con el poco deseo sexual. Esto no es cierto y con este engaño comienza la trampa sexual. Maridos que no están teniendo relaciones sexuales con sus esposas

han sido alimentados y han aceptado una mentira de que porque las mujeres generalmente tienen menos deseo sexual, van a estar bien sin tener relaciones sexuales. Las esposas continúan esta trampa al negarse a hablar sobre sus necesidades y deseos. Al hacerlo, aceptan la mentira y piensan que son de alguna manera sucias o están mal si quieren tener relaciones sexuales más que sus maridos. Cuando el marido no cuenta con el designio de Dios con relación al sexo en su matrimonio se abre a una gran cantidad de tentación. Lo mismo es muy cierto de una mujer que sufre en silencio sin tener la profunda conexión que el sexo trae tanto física, emocional y espiritualmente. Cuando el esposo cree que su esposa está bien, e incluso feliz sin sexo, se genera una gran posibilidad de rechazo y resentimiento en el matrimonio. Ese rechazo y "desesperación", como muchas mujeres lo describen, abre la puerta a la tentación. La tentación de buscar conexión, aceptación y liberación en otros lugares y la tentación de perderse en fantasías, ver pornografía, o entrar en una relación extra marital es tan real para una mujer sin sexo, como lo es para un marido. [1]

Las parejas casadas no están diseñadas para vivir sin sexo por un período largo de tiempo. La Palabra de Dios es muy clara en esto: "No se priven el uno al otro de tener relaciones sexuales, a menos que los dos estén de acuerdo en abstenerse de la intimidad sexual por un tiempo limitado para entregarse más de lleno a la oración. Después deberán volverse a juntar, a fin de que Satanás no pueda tentarlos por la falta de control propio" (1 Corintios. 7:5). La abundante claridad de Pablo sobre este asunto revela que el matrimonio sin sexo era un problema incluso en sus días. Pablo lo dice tan claramente cómo es posible: "Si deja de tener relaciones sexuales, que sea sólo por un corto período de tiempo".

En su libro *Los 5 Lenguajes del Amor*, el Dr. Gary Chapman desarrolla un gran trabajo explicando el quinto lenguaje de amor, que es el contacto físico. Debido a que el deseo sexual suele ser mayor que el de sus esposas, la mayoría de los hombres piensa inmediatamente que contacto físico significa tener relaciones sexuales. Sin embargo, como dice el Dr. Chapman, "Las relaciones sexuales son sólo un dialecto del lenguaje de amor de contacto físico". La mayoría de los hombres piensan que es su lenguaje de amor y que es el más incomprendido para sus esposas.

Las mujeres preguntan: "¿por qué estás tan juguetón? Lo único que piensas es en el sexo. ¿Qué es lo que te pasa?" A eso yo respondería: "Mujeres, cuídense, porque su lucha no es contra sangre y carne". El enemigo trabaja astutamente destruyendo muchos matrimonios en esta área, asegurándose de que ni el hombre ni la mujer estén satisfechos o cumplan en el ámbito de la intimidad. Si no son fuertes en el Señor, su relación va a fallar, y uno o ambos puede comenzar a tener relaciones extra maritales porque no están recibiendo lo que necesitan. Es como cuando alguien tiene hambre y no se le sirve comida en la casa pasa por un restaurante en el camino del trabajo y entra a comer. La necesidad física de alimentarse debe ser cumplida, por lo que también se debe cumplir la necesidad de intimidad sexual. Cuando no somos capaces de entender y hablar el lenguaje de amor de nuestra pareja, las necesidades no son satisfechas, y la tentación de satisfacer esas necesidades de manera inaceptable se vuelve más fuerte.

Me gusta como la versión de la Biblia El Mensaje presenta 1 Corintios 7:2-7

> "Es bueno para un hombre tener una esposa,
> y para una mujer tener un esposo. Los impulsos

sexuales son fuertes, pero el matrimonio es lo suficientemente fuerte como para contenerlos ofreciéndoles una vida sexual equilibrada y satisfactoria en un mundo de desorden sexual. El lecho matrimonial debe ser un lugar de reciprocidad donde el marido busca satisfacer a su mujer, y la mujer busca satisfacer a su marido. El matrimonio no es un lugar para 'defender sus derechos'. El matrimonio es una decisión de servir al otro, ya sea en el lecho o fuera de él. Abstenerse del sexo es permisible para un período de tiempo si ambos están de acuerdo con ello, y si es en el sentido de la oración y el ayuno, pero sólo para esos momentos. Luego vuelvan a estar juntos de nuevo. Satanás tiene una ingeniosa manera de tentarnos cuando menos lo esperamos. Entiendan, no estoy diciendo que deben tener períodos de abstinencia—sólo proporcionándoles mi mejor consejo si desea seguirlo".

En una encuesta llamada *top10.com*, hay un material sobre las diez principales razones para el divorcio. Antes de leer el contenido pensé que la falta de sexo sería la razón principal, pero para mi sorpresa, la razón número uno de divorcio, de acuerdo a esta encuesta, es la infidelidad. Mientras meditaba en esto, llegué a mi propia conclusión de que la infidelidad es a menudo causada por la falta de sexo en la vida matrimonial de una pareja.

¿Qué es la infidelidad? Wikipedia, la enciclopedia gratuita, define infidelidad "coloquialmente conocido como el engaño, adulterio, o tener una aventura". Recuerda en la historia de Rubén, porque estaba satisfecho en casa, no tuvo necesidad de ser infiel.

Ahora veamos esa tabla sobre las diez razones para el divorcio comenzando con el número diez continuando hasta el número uno:

10. Diferencia de prioridades y expectativas
9. Adicción
8. Cuestiones relacionadas con la crianza de los hijos
7. Tensiones religiosas y culturales
6. Aburrimiento en el matrimonio
5. Incompatibilidad sexual
4. Cuestiones financieras
3. Abuso físico, psicológico o emocional
2. Ruptura de la comunicación en la pareja
1. Infidelidad matrimonial

¿Puede todo esto ser evitado? ¡Por supuesto! Tomará mucho trabajo, pero sin duda se puede hacer. Se puede ver en casi cada una de estas diez razones que la comunicación es a menudo un ingrediente clave. La falta de comunicación sobre los niños, las finanzas, toma de decisiones y la intimidad es un factor clave por el cual los matrimonios fracasan.

Capítulo 9

Autoridad

*E*l 28 de junio del 2012 estaba cenando con mi esposa y mi hija Krystin cuando ella me preguntó, "¿Papá, cómo es que tu y mamá se hacen una sola carne? Tú eres tú y ella es ella. Ustedes son dos personas".

"Sí." Respondí, "Has dicho la palabra correcta—*hacen*" Proseguí con la explicación:

"Tu mamá y yo tenemos dos identidades separadas, pero cuando nos casamos y unimos para formar una familia, nos hicimos uno. Primero, nos tuvimos que casar delante de Dios dejando los hogares donde crecimos. Yo, dejé la casa de mis padres para estar con tu mamá y ella dejó a la casa de sus padres para estar conmigo. Nos unimos como uno—una pareja viviendo en una casa. Nos hicimos *una sola carne*, una identidad, comenzando con nuestros apellidos. Tu mamá tomó mi apellido y se convirtió en la señora Hernandez. Desde ese momento en adelante, ese es el único apellido que ella ha usado, así que simbólicamente, nos hicimos uno".

Continuando añadí, "Tu mamá y yo nos hicimos uno, así como nos ves ahora. Nos gusta el orar, alabar y adorar a nuestro Señor juntos. Juntos comenzamos una familia y ambos te amamos. Comemos juntos, vamos a dormir juntos, tomamos decisiones juntos, vamos a la iglesia juntos. Nos hicimos *una sola carne*—una familia, una identidad".

Cuando mi hija hizo la pregunta, mi esposa se había levantado de la mesa para traer algo de la cocina por lo que no había oído la pregunta. Cuando mi esposa retornó a la mesa aún estaba explicando a Krystin que su mamá y yo éramos uno. Comencé a levantar un poco el volumen de mi voz con la intención de provocar la reacción de mi esposa, le dije a mi hija, "Pero algunas veces hay desobediencia". Mi esposa me miró y luego miró a nuestra hija como si estuviera diciendo: "¿Qué está pasando aquí?" Mi hija sonriendo le dijo, "Está hablando de ti mamá", a lo que mi esposa contestó rápidamente, "¡Yo tengo autoridad!"

El Espíritu del Señor inmediatamente me movió a decir: "Si, tú tienes autoridad. Pero yo también. Mi autoridad sin embargo no excede a la de Jesús o a la de Dios". Añadí, "Yo estoy en sumisión a Él".

Mi esposa dijo, "Bueno, mi autoridad no está sobre la tuya". Añadió, "Cuando yo siento que no has hecho lo que debías, tengo que hacértelo saber. He aprendido que cuando hay algo que me preocupa, molesta o incomoda, necesito decírtelo de inmediato. He aprendido a no ir a la cama con mi corazón enojado".

Tanto mi esposa como yo hemos aprendido a comunicarnos inmediatamente y resolver cualquier desacuerdo que aparece en nuestra relación. Hemos aprendido a no permitir que cualquier cosa que provoque amargura se arraigue en nuestros corazones. Al principio de nuestro matrimonio no sabíamos cómo comunicarnos el uno con el otro. Yo me enojaba por cosas que mi esposa hacía o decía, cosas que me ofendían y lo mismo era en su caso. Ambos nos sentíamos ofendidos por pequeñas cosas y tuvimos que aprender a no ser ofensivos con nuestras acciones o con nuestras palabras. No teníamos mucha comunicación entre nosotros en ese entonces.

Es interesante, yo estaba buscando perfección en mi esposa no dándome cuenta que era yo quien necesitaba cambiar y convertirme en el esposo perfecto. Ahora he aprendido. Con la ayuda de Dios, he aprendido a evitar los desacuerdos orando por mi esposa y cubriéndola con la sangre de Jesús cuando un desacuerdo amenaza nuestra armonía. Finalmente me di cuenta que cualquier desacuerdo no venía de Dios sino de malos espíritus. El Señor hizo que me diera cuenta de ello y en lugar de amargarme, comencé a orar cuando enfrentaba esas situaciones.

Me gusta como están las cosas ahora, porque hemos aprendido a tener una comunicación abierta en todo sentido. Expresamos nuestros sentimientos el uno por el otro y sabiamente escogemos las palabras que utilizamos y pensamos antes de decir algo. Si decimos o hacemos algo que no es bueno, que es ofensivo, inmediatamente hablamos acerca de ello y lo resolvemos. Si no tenemos nada bueno que decir o conversar, hemos aprendido a mantenernos callados. Hemos discutido el hecho de que necesitamos en todo tiempo ser transparentes el uno con el otro. Mi esposa ha aprendido a corregirme inmediatamente cuando hago o digo algo incorrecto; hemos aprendido a no irnos a dormir enojados el uno con el otro sino resolver cualquier asunto en el momento que ocurre. Hemos venido haciendo esto por cinco años luego de entregar nuestras vidas y nuestro matrimonio al Señor.

Lo crea o no, antes de aprender estas cosas, el enemigo estaba ganando la batalla en nuestro matrimonio, tratando de destruir nuestra amistad, nuestra unidad. Cuando yo estaba enojado con mi esposa y esta enfurruñado inmediatamente luego de la discusión, malos espíritus se metían en mi mente. Cuando eso ocurre, malos pensamientos vienen y comienzas a decir malas palabras en contra de tu esposa. Antes que te des cuenta, palabras que no edifican están saliendo de tu boca y peores cosas comienzan a ocurrir. Recuerde, vivimos en un reino espiritual. Si estamos conectados con Dios y usamos palabras llenas de fe, estamos operando en Su Espíritu, pero si decimos o hacemos lo incorrecto, estamos permitiendo que los malos espíritus tomen control.

Cuando mi esposa y yo hicimos a Dios el centro de nuestro matrimonio, la comunicación se hizo fácil. Es fácil el amarnos el uno al otro, es fácil el estar solos mientras estamos el uno con el otro, es fácil el estar de acuerdo. No hay más discusiones, solo preguntas, respuestas y soluciones. Una cosa que he aprendido es que Dios es fiel en todo, y que cualquier cosa por la que estemos pasando que no sea de Él es solo temporal. ¿Por qué me voy a enojar con mi compañera cuando yo he fallado en lo que tengo que hacer? Cuando ella me pregunta por qué no hice algo que ella me pidió que hiciera, no hay necesidad de tratar de justificarme. Puede ser cualquier cosa que debí hacer y no hice. Cualquiera sea, solo necesito hacerlo.

Por ejemplo, si el pasto necesita ser cortado, necesito cortarlo. Si la casa necesita ser aspirada, necesito aspirarla. Si los carros necesitan ser lavados, necesito lavarlos. Si los carros necesitan gasolina, necesito ponerles gasolina. Si los platos necesitan ser lavados, necesito lavarlos. (No tiene que pedírmelo. Yo lo hago, siempre me ofrezco a ayudar). He aprendido a no esperar que se me pida hacer algo cuando lo que se necesita es hacerlo. Me adelanto para evitar cualquier conflicto o desacuerdo.

Por supuesto que es bueno tener la opción de cortar o no el pasto, de limpiar o no la casa o de pagarle a alguien para que lo haga. Cualquiera sea la situación, lo que se necesita es que sea hecho. Si no estamos alertas de los malos espíritus que tratan de influenciar nuestras mentes, nos convertiremos en víctimas de aquello que trata de ejercer autoridad o control sobre los demás y eso no es saludable.

Control

Kate Aldrich, del blog, Matrimonio Una Sola Carne, escribe sobre el control:

> Control, control, control. Hmm, ¿a qué esposa no le gusta control en su vida? La falta de control es una sensación de caos y desorden. Desde muy temprano en la vida, aprendemos lo que es el control. Experimentamos a nuestros padres ejerciendo autoridad y control sobre nosotros. Aprendemos sobre lo que tenemos control y sobre lo que no tenemos control. También aprendemos cómo manipular las cosas, con la esperanza de conseguir lo que queremos, que es, en esencia, la búsqueda de control. Luego crecemos y aprendemos que tener el control de nuestras vidas es bueno. Estar "fuera de control" es malo, imprudente, e incluso peligroso. Muchas veces esto nos lleva a vivir con el miedo de perder el control siendo ésta la principal motivación de nuestras elecciones en la vida. Cuando nos casamos el deseo e incluso la necesidad de control no desaparece. A menudo incluso se intensifica. Venimos de diferentes familias, con diferentes expectativas y diferentes maneras de buscar y luchar por el control.
>
> **¿Control en su vida sexual?** Una de las áreas en las que el control amenaza con causar estragos es en la de la intimidad sexual. Casi siempre hay diferencias en lo que un marido y una esposa desean y esperan del sexo en el matrimonio. Sea

que esas diferencias provengan de experiencias previas o de lo que han leído y oído, es común que el esposo y la esposa estén pensando en cosas diferentes. Algo de eso se debe a que Dios hizo al hombre y la mujer diferentes. Estas diferencias (naturaleza y crianza) y presuposiciones pueden ser mezcladas y preparar un hermoso camino hacia ser una sola carne. Sin embargo, muchas veces abren una brecha en la relación. Para Brad y para mi, había diferentes niveles de deseo y comprensión, así como una pobre comunicación que llevó a que se construyeran muros.

Muchas veces el cónyuge con el menor deseo sexual tiende a tener el control sobre la intimidad sexual de la pareja. Demasiadas veces el cónyuge con menor deseo sexual puede utilizar este control para mantener las cosas organizadas de forma que se adapte a su nivel de deseo. Ellos controlan el tiempo y lugar para el sexo e incluso la cantidad de contacto en la relación. Me gustaría decir que para cualquier persona que ama a su pareja profundamente y ha tenido problemas con el deseo ... no se considera "muy divertido" el enseñorearse este caso.[1]

Intimidad

Luego de la caída de Adán y Eva, la tierra fue maldecida y por esa razón el primer hijo de Adán y Eva mató a su hermano. Porque la tierra fue maldecida, los animales se mataron los unos a los otros y se comieron entre sí. ¿Tenía Eva autoridad para comer o no el fruto prohibido? Dios le dio esa orden al hombre, pero el hombre puede que se olvidara de enseñarle a su esposa y luego asegurarse que ésta cumpliera. Sin embargo, debido a la acción de Eva, la desobediencia entró en la tierra.

Dios es el creador de la intimidad física como una forma que las parejas se expresen amor, pero muchos están siendo desobedientes en este asunto. Muchas veces la esposa no quiere participar en la intimidad a pesar de que su marido lo desea fervientemente. Así que ella se niega a sus avances, poniendo excusa tras excusa. Un esposo contó una vez una historia de cómo le pedía a su esposa tener intimidad, pero la mujer le decía: "Ahora no. Me duele la cabeza". Después de muchas veces de oír la misma excusa, el esposo entra un día en la habitación y le entrega a su esposa una botella de Aspirinas. Ella sosteniendo la botella en la mano, exclama: "¿Qué es esto?" Y él le responde: "Es sólo en caso te duela la cabeza".

¿Cuántas parejas se enfrentan a la misma situación? Su excusa podría no ser un dolor de cabeza, sino cualquier otra cosa. Esta desobediencia es como ninguna otra, porque cuando una esposa niega intimidad a su esposo, ella está desobedeciendo el mandato de Dios, y al hacer eso, le está dando oportunidad al enemigo. Pensamientos sexuales pueden bombardear la mente de su marido. Cuando él sale, él está como un hombre hambriento. Sólo el Espíritu y el temor al Señor pueden evitar que peque y busque satisfacción sexual en otros lugares. Este escenario se aplica no sólo a los hombres sino también a las mujeres. En algunos matrimonios, la mujer tiene más necesidad de intimidad física que el hombre. Independientemente quien sienta la mayor necesidad, muchas parejas hoy en día luchan con esta situación.

A muchos hombres no se les ha dado su lugar en casa y por ello muchos matrimonios no tienen un orden. Dios ordena la intimidad en la pareja diciendo, "creced y multiplicaos", y esto es puro a Sus ojos, así como cuando Adán y Eva estuvieron desnudos y no se avergonzaban. Hebreos 13:4 nos dice claramente, "Tengan todos en alta estima el matrimonio y la fidelidad conyugal, porque Dios juzgará a los adúlteros y a todos los que cometen inmoralidades sexuales".

Pablo exhortó a los esposos a satisfacer las necesidades sexuales de cada uno y sus deseos como lo ordenó en el jardín: "El esposo debe satisfacer las necesidades sexuales de su esposa, y la esposa debe satisfacer las necesidades sexuales de su marido. La esposa le da la autoridad sobre su cuerpo a su marido, y el esposo le da la autoridad sobre su cuerpo a su esposa" (1 Corintios 7:3-4). El desacuerdo empieza en el dormitorio.

¿Cómo sabes que no estás en la misma página que tu pareja? Su matrimonio no está en la misma página cuando ustedes están entre amigos y su cónyuge comparte un sueño o una meta en la vida sobre la cual usted no tenía conocimiento. ¿Desde cuándo es ese su objetivo? ¿De qué está hablando? ¿Por qué no me ha dicho nada antes? ¿Cómo es que yo no sé nada de esto? Todas estas preguntas podrían venir a su mente. Esta es una clara señal de que su matrimonio tiene falta de comunicación, no hay unidad. Cuando algo así sucede, se puede iniciar una discusión en ese mismo momento, una discusión que puede continuar todo el camino a casa y hasta en la misma casa.

El *hacerse uno* o *convertirse en uno* o *ser uno* toma trabajo, unidad, comunicación, disposición para trabajar juntos con un propósito, una meta. Usted no está en el proceso de ser uno cuando tiene su propia cuenta de banco, su propia deuda, no están satisfechas las necesidades del uno o del otro. No se puede ser uno cuando no hay acuerdo en nada.

No hay espacio para "Yo" en el matrimonio

¿Son las parejas dos personas por separado? Si es así, entonces ¿cómo funciona? Nuevamente déjeme darle mi lapicero a Kate Aldrich para que le ayude con, ¿"Somos dos o uno"?

¿También somos dos? ¡Sí!

¿Cómo funciona eso? La mayoría de las personas que entran en este debate creen que eres uno o son dos, pero no ambos. Bueno, creo que Dios quiere que seamos uno, con dos personalidades increíbles en esa unidad. Seamos realistas, Dios creó a todos con rasgos únicos y no desaparecen cuando se fusiona con su maridito. Se trata de un camino juntos hacia la unidad, donde nuestros rasgos únicos se manifiestan, pero nuestro egoísmo queda atrás. No hay espacio para "yo quiero" en el matrimonio. Si permanecemos enfocados en lo que necesita y quiere nuestro esposo, entonces tenemos nuestro foco donde debe estar. A su vez, si nuestro esposo tiene su enfoque en nuestras necesidades y nuestros deseos, él también estará adecuadamente enfocado. Si cada uno está enfocado en sí mismo, estamos abriéndonos a un mundo de dolor y discordia.

No estoy sugiriendo que te pierdas a ti mismo, o pierdas tu personalidad, o que te conviertas en la cocinera o en la doncella de tu marido. Estoy alentándote a que con tu personalidad única descubras la unidad que Dios quiere crear en tu matrimonio. Dios sabía que no era bueno que el hombre esté solo, lo dijo en el jardín cuando creó a Eva. Sabía que lo mejor para un hombre era tener una esposa para compartir la vida, con quien ser uno. Como somos personas quebradas, que estamos siendo reconstruidas por Jesús, no podemos verdaderamente conocer y comprender la plenitud del plan de Dios para la unidad en el matrimonio. Sin embargo, podemos abrir nuestras vidas a Su Palabra, Sus mandamientos, y Su llamado como esposas mientras nos esforzamos en esto de ser Una Sola Carne.

La relación entre Dios el Padre, Jesús el Hijo y el Espíritu Santo refleja la relación matrimonial que Dios desea para nosotros. Dios, Jesús y el Espíritu Santo, todos tienen sus propias características, sus funciones, pero son todos uno. Mientras que pueden hacer cosas diferentes, no se pueden separar. Esta es una imagen Dios, el esposo y la esposa. Verdaderamente hermoso. [2]

Hay que reconocer que Dios es nuestra máxima autoridad, es Dios quien mantiene todo unido, empezando por nuestro matrimonio. Debemos reconocer a partir de esa primera unión en el jardín, Él estableció la familia como el fundamento de la civilización. La Biblia nos dice que Jesucristo es la cabeza del esposo: "La cabeza de todo hombre es Cristo, la cabeza de la mujer es el hombre, y la cabeza de Cristo es Dios" (1 Corintios 11:3). Efesios 5:23 también nos recuerda que "el marido es la cabeza de su esposa como Cristo es cabeza de la iglesia". Hasta que nos demos cuenta de que Dios es nuestra autoridad y ha establecido un orden divino en la familia, vamos a vivir una vida desordenada. Hasta que no reconozcamos la alineación apropiada en el matrimonio— Dios primero, familia segundo, trabajo tercero, y el yo al último— viviremos vidas desobedeciendo Sus mandatos, y por ello no tendremos el favor de Dios.

Mujer, ¡usted tiene el poder de hacer o deshacer a su marido! Por desgracia, he visto la forma en que algunas esposas, jóvenes o mayores, le faltan el respeto a sus esposos en público, les hablan en voz alta, y negativamente. Si así es en público, ¿cómo serán a puerta cerrada? Cuando una esposa toma el control en el hogar, ¿adivinen qué? ¡No creo que Dios esté ahí! Esposa, si cree que su marido no sirve para nada, ¡Ayúdelo a convertirse en algo!

Levántelo en lugar de hundirlo. Anímelo en lugar de pisotearlo, ore por él en vez de culparlo y maldecirlo.

Cuando veo a los hombres en el centro comercial siendo humillados por sus esposas, me doy cuenta de que se sienten tan mal que buscan un asiento donde esperar que ellas terminen con lo que están haciendo sin ser parte de ello. Casi siempre que voy al centro comercial, pareciera que hay una esposa que está hablándole a su esposo en voz alta, ridiculizándolo en el público, para que todos sepan quién es quién manda. Damas, eso se ve tan mal, tan irrespetuoso, tan impío. ¿Quién es su autoridad? Si la alineación vertical está fuera de lugar, su matrimonio estará fuera de orden.

Capítulo 10

Ser un verdadero hombre

La discusión en el estudio bíblico era interesante. Ocho personas estaban presentes, y empezamos como siempre lo hacemos, con oración, alabanza, informes y peticiones de oración. Nuestro amigo Mark nos pidió que orara por una amiga, una adolescente adoptada de diecisiete años de edad, que al parecer tuvo una crianza difícil y se rebeló contra su madre adoptiva, amenazando con quemar su casa. Como resultado de ello, la adolescente fue llevada a la cárcel. Mark nos pidió que oráramos por esta joven y su familia.

Continuamos con la lección, estábamos meditando y pensando en las Escrituras de la lección, cuando Joe, uno de los nuevos, tomó la palabra. Joe es un hombre de mediana edad, de seis pies y seis pulgadas de alto, de estructura sólida, y, con un pendiente en la oreja. Tengo que decir que, cada vez que veo a un hombre que lleva un pendiente en la oreja, por lo general asumo que este hombre es un jugador. Pero encontré mi percepción equivocada cuando Joe contó su historia con relación a los versos que estábamos estudiando.

111

Joe compartió que había sido infiel a su esposa y había estado con otras mujeres. Nos dijo, "No solo salía con una mujer sino con cualquier mujer a la que me sentía atraído. Podría ser una mujer soltera o la esposa de alguien. Realmente no me interesaba".

Estando por segunda vez en nuestra reunión, Joe se sintió confortable de compartir su historia. Nos dijo que en los últimos dos meses había estado buscando a Dios porque quería cambiar su vida. Había comenzado a estudiar la Palabra de Dios con diligencia y había sentido que Dios estaba trabajando en su corazón. Joe estaba cambiando lentamente pero de manera segura. Añadió, "Si me hubieran conocido antes, hubieran sabido que no tengo paciencia pero por la gracia de Dios estoy aprendiendo a tenerla". También nos dijo, "Me he arrepentido de mi pasado y se que Dios me ha perdonado".

Si vemos estas dos historias podemos saber cómo es que el enemigo trabaja a través de nuestra desobediencia y equivocaciones. En el caso de Joe, podemos ver a un hombre yendo a la búsqueda de satisfacer sus placeres carnales sin importarle las consecuencias. No le importaba quien saldría herido o que vida era destruida porque él estaba en la oscuridad, poseído por malos deseos. Cuando el tuvo relaciones sexuales con la esposa de alguien, quebrantó las leyes de Dios.

Imagine a dos personas casadas, uno siendo el hombre que está haciendo cosas fuera del matrimonio, siendo prisionero de sus deseos y la otra siendo la esposa de alguien. Ambos están casados, si se unen todos sus problemas y malos espíritus se unen en un monstruoso adulterio. La Escritura dice, que el matrimonio es santo y viene de Dios. Cuando contaminamos su santidad, la protección divina se destruye y desaparece.

Tenga la seguridad, el hombre en este escenario se dirige hacia la destrucción. Por desgracia, no es el único que va a pagar las consecuencias de su pecado, también lo harán su esposa e hijos.

Como él intencionalmente ha pecado, Dios ya no habita en él, sino se aparta de él. Como resultado, este hombre ha abierto la puerta al enemigo para atacarle personal y generacionalmente. Además, también ha desgraciado el matrimonio de otra persona, su vida, su futuro. La vida de la otra pareja se ha roto a causa del adulterio, y si tienen hijos, el enemigo gana entrada en la vida de ellos también.

Mientras escuchaba estas dos historias compartidas en el estudio de la Biblia, el Espíritu del Señor me ayudó a conectarlas. Por ejemplo, la joven de diecisiete años de edad, había sido adoptada porque ella era el resultado de una unión adúltera pues su madre biológica no estaba casada y era demasiado joven para mantenerla y criarla. Un niño nacido como resultado de un tipo a quien no le importa con quien tiene relaciones sexuales con el tiempo va a tener problemas. Hogares rotos y familias rotas causan heridas profundas, es por eso que esta joven de diecisiete años de edad, quería incendiar la casa. Cautiva y oprimida por los malos pensamientos, ahora estaba en la cárcel. Ese hombre, ese jugador, comenzó todo con su deseo de satisfacer su carne, sus malos deseos. Joe era como ese hombre, pero afortunadamente, Joe admitió su pecado y estaba buscando la gracia y perdón que sólo nuestro Señor Jesucristo nos puede conceder.

Si usted no conoce que Jesús es su protección y le perdona de todos sus pecados, usted sufrirá. Él vino para sanar al enfermo y liberar al cautivo. Esta verdad debe ser conocida para recibir las bendiciones, recompensas y divina protección que Él ofrece para aquellos que le aman. Dios perdona todos nuestros pecados. Solo necesitamos venir delante de Él, arrepentirnos y dejar de pecar.

La última vez que escuché de Joe, estaba pasando un momento difícil con su esposa. Ella no quería seguirlo en su deseo de aprender la Palabra de Dios, ni siquiera en el ambiente de una iglesia. De hecho, él dijo que ella pensaba que él estaba loco cuando lo vio buscando respuestas en la Biblia. Ella no conocía a Dios ni tenía una relación con el Señor y eso estaba afectando su matrimonio. Joe también dijo que su casa estaba siendo cerrada por falta de pago de la hipoteca. Todo lo que puedo decir es que lo que siembras, cosechas. Todo lo que pude hacer es decirle a Joe que oraría por ellos y además les daría alguna información de ayuda profesional. Espero que ambos entreguen por completo sus corazones a Dios.

La inmoralidad no ocurre solo en el matrimonio, no solo los hombres son los que tienen este problema. Mujeres casadas y jóvenes solteros pueden caer en esta trampa. Lamentablemente la inmoralidad es practicada a cualquier edad, antes o después del matrimonio. La siguiente historia se trata de una joven pareja que no sabían mucho de los caminos de Dios, o si pensaban que sabían, sus acciones hablaban de modo diferente, como vemos que actúan muchos jóvenes hoy en día. Hay mucho que aprender de su historia.

Inmoralidad antes del matrimonio

Steven tenía solo diecinueve años cuando lo conocí. Era un joven apuesto y energético, amable, respetuoso, confiable y divertido. Desarrollamos una gran amistad durante los meses que trabajamos juntos.

Un día Steven vino al trabajo emocionado y me contó lo que estaba ocurriendo en su vida. "Rob, estoy saliendo con una joven de mi edad, ¡estoy tan enamorado! Ella recién se ha mudado aquí, viene de Nueva York y estoy tan enamorado de ella. Me ha dicho que tuvo un enamorado allá pero que todo ha terminado".

Pasaron tres meses y Steven anunció un día, "Rob, vas a ser mi padrino".

Desconcertado dije, "¿Qué?" y él me respondió, "Me caso".

Pensé, *Esto sí que ha sido rápido*, pero en voz alta le dije, "¿No es un poco prematuro el pensar en casarte?"

Él respondió, "Bueno, no realmente. Ella me ama y yo la amo, y creo que ella es la adecuada".

"¿Tienes dinero para la boda y tienes un lugar para vivir?" le pregunté.

"Aún no. Pensaremos en ello después", respondió.

Podemos estar tan enamorados que nos olvidamos de la realidad de las cosas y avanzamos sin ver la totalidad de la situación. Estamos tan concentrados en ver la flor en la pintura que no consideramos el costo de ella. El casarse implica más que el estar enamorado. Casarse implica responsabilidad, convicción, determinación y fe.

Respondí a los despreocupados comentarios de Steven, diciéndole, "No sé qué decir acerca de esto". Yo no era un consejero matrimonial en ese entonces y aún no lo soy, pero sabía lo suficiente para diferenciar entre lo bueno y lo malo, lo correcto y lo incorrecto. Para mí todo esto era muy apresurado. Lo que quiero decir es que Steven había estado influenciado por sus emociones más que cualquier otra cosa. Por supuesto, probablemente que se sentía amado y tal vez nunca se había sentido amado de esa manera anteriormente, así que estaba abrumado con toda la experiencia. Eso es lo que frecuentemente ocurre cuando comienzas saliendo con alguien. La persona se vuelve loco de amor y ciego a la realidad.

Pasaron unas semanas y me di cuenta que Steven parecía triste. Le pregunté, "¿Está todo bien?" y me respondió, "Si, excepto que mi enamorada y yo tuvimos una pequeña discusión, una pelea, y no nos estamos hablando".

"Siento oír eso", le dije.

Al día siguiente él estaba tan feliz como había estado cuando recién la conoció, pero una semana más tarde estaba triste nuevamente. Este sube y baja emocional duró todo un mes. Venía feliz uno o dos días y luego estaba triste otra vez. Creo que cuando una relación es como ésta, algo está mal emocional, espiritual y físicamente. Obviamente no había respeto del uno por el otro.

Finalmente un día le pregunté a Steven, "¿Sigues pensando en el matrimonio?"

Él respondió: "Oh, sí, hombre, nos vamos a casar".

"Está bien. Sólo preguntaba", le respondí.

Un mes más tarde, Steven me confió. "Rob, estoy un poco molesto porque mi novia se va a Nueva York por una semana. Voy a echarla de menos, y no quiero que se vaya".

"Ve con ella", le sugerí.

"No, ella dice que va a visitar a la familia y no quiere que me sienta incómodo allí".

"Oh, está bien", le contesté, pero en mi mente estaba pensando, *tanto desacuerdo, tanta confrontación. No sé si esto va a funcionar para Steven.*

Una semana y media más tarde, un Steven muy angustiado me dio el encuentro y me dijo: "Rob, ¿qué hago? ¿Qué debo hacer?"

"¿Qué quieres decir?", le pregunté.

"Bueno, mi enamorada regresó de Nueva York, y me dijo que vio a su ex-enamorado, y tuvieron la misma intimidad de antes. ¿Qué debo hacer?"

Me sorprendió todo lo que él me estaba diciendo y me quedé sin habla. Todo lo que consiguió salir de mi boca fue: "¿Y ella te dijo todo esto?"

"Sí", respondió Steven. "Me gusta su honestidad, pero no sé qué hacer".

Esto ocurrió en 1991. Yo tenía solo veintitrés años en esa época y no tenía mucho entendimiento y sabiduría en situaciones como estas como para dirigir a mi joven amigo en la dirección correcta.

Todo lo que pude decir fue: "Si ella lo hizo una vez, va a seguir haciéndolo". Entonces añadí: "Te he visto todos los días, Steven.

Eres como el tiempo: algunos días soleados y otros días lluviosos. Si esta relación está empezando así, te puedes imaginar ¿cómo va a terminar?" Ciertamente no había respeto en ella, ya sea para consigo misma o para con Steven, y ciertamente no había temor a Dios. A menos que ella comenzara a buscar a Dios y aprendiera a respetarse y valorarse a sí misma y a su pareja, las cosas siempre serían igual.

Me mudé de Orlando un mes después de mi conversación con Steven y perdí contacto con él. No sé si Steven se casó con la joven, y si lo hizo, no sé si a su matrimonio le fue bien o mal. Pero, usted puede ver que cuando Dios no es el centro de su vida, este tipo de cosas ocurren. Cuando uno vive distante de Dios, todo tipo de cosas malas pueden suceder, porque usted no tiene temor a Dios, puede caer por cualquier cosa.

¿Dónde está el respeto, la dignidad, el carácter y la lealtad de cualquier persona que vive una vida sin el amor y el conocimiento de Dios Todopoderoso? Yo creo que a menos que tal persona venga al Señor con humildad y deseo de perdón, él o ella continuará haciendo las cosas mal. Recuerde que Jesús dijo a la mujer que fue sorprendida en el acto mismo de adulterio: "Ni yo te condeno, vete y no peques más" (Juan 8:11). Jesús, de hecho nos perdona, pero tenemos que recibir el perdón y no pecar más, para cambiar y hacer lo que Él manda. Sólo entonces tendremos una amistad bendecida y finalmente un matrimonio bendecido.

De estas historias podemos aprender que a pesar de ser casados o solteros, la maldad toma a cualquiera. Es el rey de la mentira quien destruye todo.

La siguiente historia es acerca de un joven que se había casado, pero se separó de su esposa. Su nombre era Keith, y cuando lo conocí, él me habló de su estado civil. Durante tres años, había estado viviendo separado de su mujer, la dejó con un niño de cuatro años de edad. Me dijo que él y su esposa todavía hablaban y que ella era una mujer fiel con una fuerte relación con el Señor. También mencionó que ella era muy exitosa y bendecida con un negocio propio. Cuando le pregunté, "¿Por qué decidió dejarla?", Dijo, "Porque yo era demasiado joven e ingenuo, y yo no quería la responsabilidad."

Dos semanas después vi a Keith nuevamente y me dijo que él sabía que necesitaba un cambio. Había comenzado a acercarse a Dios e ir a la iglesia para aprender más acerca de vivir una vida a la manera del Señor.

Seis meses después me llamó y me dijo, "señor Hernandez, este es Keith". Luego de los saludos protocolares me dijo, "Solo quería saludarlo y hacerle saber que me voy a casar".

Me quedé callado por un momento porque no sabía que decir. Finalmente salió de mi, "¿Tu qué?"

Él repitió, "Me voy a casar".

Dije, "Con…"

Antes que pudiera decir algo mas él me dio la información. "Si, la misma mujer de la cual le hablé, mi ex-esposa".

"Oh eso es maravilloso" le contesté.

Luego me dijo, "Si estoy tratando de ser un verdadero hombre y actuar con responsabilidad".

Cuando le escuché utilizar la expresión, reí en voz alta pero Keith se quedó callado, supe que tenía que explicarle. "Keith, no me estoy riendo de ti. Me rio porque tenemos un programa en la iglesia que se llama Se Un Verdadero Hombre y ayer tuvimos una reunión". Luego lo felicité y le expresé mi satisfacción con relación a cómo cambiaron sus circunstancias.

Podemos ver en esta corta historia que todos tomamos malas decisiones cuando actuamos en nuestro propio entendimiento. Afortunadamente, Keith era lo suficientemente sabio como para reflexionar sobre su decisión y analizar su vida y las vidas de aquellos a quienes había abandonado. Cuando volvió su corazón a Dios, su vida dio un giro completo. Podemos ver que él no aprendió de los errores de los demás, y fue doloroso. Sin embargo en última instancia, fue capaz de comportarse como un verdadero hombre y actuar con responsabilidad, como se dice comúnmente "se puso los pantalones" para ser el esposo y padre que Dios lo había llamado a ser.

Amor y Respeto

El amor, el respeto, la sumisión y el honor juegan un rol muy importante en nuestro caminar para ser un verdadero hombre y mostrar respeto por Dios y por la esposa que Dios te dio. "Esposos, amen a sus esposas, así como Cristo amó a la iglesia y se entregó por ella para hacerla santa…el esposo debe amar a su esposa como a su propio cuerpo. El que ama a su esposa se ama a sí mismo, pues nadie ha odiado jamás a su propio cuerpo; al contrario, lo alimenta y lo cuida…En todo caso, cada uno de ustedes ame también a su esposa como a sí mismo, y que la esposa respete a su esposo" (Efesios 5:25-33 NVI).

Hace unos días conocí a una pareja de avanzada edad; el hombre tenía setenta y seis y la mujer tenía setenta y dos. Pude ver en sus rostros el descanso y la paz que el Señor les ha dado. La forma en la cual uno trataba al otro no tenía comparación. Era como si recién se hubieran conocido, sus palabras y actitudes del uno para con el otro eran las correctas. Ella era dulcemente sumisa a su esposo y le daba su lugar.

Mientras conversaba con ellos comenté, "Me encanta ver a esta hermosa pareja que entiende el significado del matrimonio".

"Toma mucho trabajo," dijo ella, y su esposo añadió, "Sí, y también fe". Supe que ellos conocían al Señor porque estaban en una iglesia donde yo me encontraba de consejero voluntario.

Entonces el hombre dijo, "Tenemos un nuevo biznieto, y necesitamos dar el ejemplo a nuestra familia".

¡Me encanta! Respondí, "Es maravilloso que estén enseñando a su familia con su propio ejemplo y no solo con palabras. Yo he encontrado que nuestros hijos no siempre van a hacer lo que les decimos pero si lo que hacemos". Entonces les pregunté: "¿Cuál es el secreto de su matrimonio?

Sin vacilar, el hombre dijo, "Amor y respeto! Nos respetamos mutuamente en todo".

Su esposa estando de acuerdo agregó, "Sí, respeto mutuo, comunicación, amor el uno por el otro".

Como mencioné anteriormente, en Efesios 5:33, el apóstol Pablo nos dio dos piedras sobre las cuales construir la fundación de nuestro matrimonio: amor y respeto. Él le dice a los esposos que amen a sus esposas como Cristo ama a la iglesia y también les habla a las esposas que instándolas a que respeten a sus esposos.

En el primer libro de Pedro, podemos identificar dos factores clave en un matrimonio bendecido. Para la mujer, la Biblia dice: "Las casadas del mismo modo, estad sujetas a vuestros maridos" (1 Pedro 3:1 RV). Para el hombre, dice: "Vosotros, maridos, igualmente, vivid con ellas sabiamente, dando honor a la mujer como a vaso más frágil, y como a coherederas de la gracia de la vida, para que vuestras oraciones no tengan estorbo" (1 Pedro 3:7 RV). Podemos ver en estos dos versículos que Dios nos llama a caminar en Sus caminos. Dios hizo al hombre cabeza de su hogar, por ello, el hombre debe asumir la responsabilidad y el mandato de amar al Señor Dios por encima de todas las cosas. De esta manera, será fácil para él extender ese amor a su esposa e hijos.

Abraham desarrolló una magnífica relación con Dios, Dios mismo lo llamó amigo. ¿Cómo le gustaría a usted que Dios le llame su amigo? En el nuevo pacto, Dios nos llama algo mucho mejor: sus hijos e hijas. Abraham tuvo una relación tan estrecha con Dios, sometiéndose a Él en todas las cosas, que para su esposa Sarah fue fácil someterse a él. Ella debe haberse sentido tan amada y respetada, que a cambio, ella llamaba a su esposo "señor", mostrándole amor, respeto y sumisión. ¿Por qué hizo esto? Lo hizo porque conocía al Señor Dios y sabía que su esposo también lo conocía. Con este tipo de unidad en casa, las oraciones de Abraham no fueron obstaculizadas, sino todas fueron respondidas. Eso es lo que sucede cuando usted está en la unidad con Dios.

En nuestro matrimonio, debemos dejar que las palabras que salen de nuestra boca edifiquen y eleven a nuestro cónyuge. En el Jardín del Edén, el hombre fue lleno del aliento de vida. En el nuevo pacto, el Señor nos ha dado su Espíritu Santo. Somos seres espirituales, y necesitamos guardar nuestros espíritus siendo vigilantes sobre nuestras palabras y acciones. Las palabras son poderosas; de hecho, la Biblia dice que la vida y la muerte están en el poder de nuestras lenguas. Si hablamos palabras positivas, cosecharemos cosas positivas, pero si hablamos palabras negativas, nuestra cosecha será negativa. Hablemos sabiamente los unos a los otros.

Mastique sus palabras antes de escupirlas

En el proceso de hacer mi trabajo, el Señor ha puesto parejas de todas las edades frente a mí, y cada vez que puedo los entrevisto sin hacerles saber al principio lo que estoy haciendo. Una de las razones es que deseo respuestas naturales que reflejen sus sentimientos. Me imagino que si les digo de antemano que quiero entrevistarlos, es posible que quieran unos minutos para pensar en sus respuestas y ensayarían qué responder. Así que primero los entrevisto y luego les digo el por qué. Una de las preguntas que le hago a todos y cada uno de los que entrevisto es la misma: "¿Cuál es el secreto de su matrimonio?" Cada vez que hago esta pregunta, obtengo respuestas diferentes, porque cada uno es diferente. La siguiente historia es audaz y divertida al mismo tiempo.

Mi teléfono sonó y contesté, "Hola, soy Rob".

Luego de una breve conversación con la persona que me llamó, pensé, *¡Qué persona tan educada y madura!* Por el sonido de su voz, imaginé que el hombre debía estar en sus ochentas. El hombre había llamado pidiendo una cita para que vaya a su casa a ver un trabajo que necesitaba ser realizado. La tarde siguiente, estaba parado al frente de su casa. Su esposa abrió la puerta y dijo, "Hola, soy Dorothy. Pase. Déjeme decirle a mi esposo que usted está aquí."

El hombre entró en el despacho y se presentó diciendo, "Hola Rob, soy David".

Mirándolo pensé, *Cuando hablamos por teléfono ayer, su voz sonaba como la de un hombre mayor pero pareciera veinte años más joven de lo que es y su esposa también.* Otra cosa que rápidamente noté en este caballero mayor de edad fue su gran sentido del humor.

Fui a ver el trabajo que necesitaba ser hecho en la casa. Luego de inspeccionar le entregué un estimado. Después les pregunté, "Parece que ustedes tienen una muy buena relación el uno con el otro. ¿Me permiten preguntarle cuál es el secreto de su matrimonio?" No les pregunté cuanto tiempo de casados tenían; por la forma como se trataban era obvio que habían estado casados por un tiempo. Tenían esa forma de comportarse que tienen las parejas consolidadas.

Lo primero que salió de la boca del hombre en respuesta a mi pregunta fue, "El matrimonio debe ser entre un hombre y una mujer".

Yo asentí con el movimiento de mi cabeza y dije, "No puedo más que estar de acuerdo" Al mismo tiempo pensé, *No esperaba esa respuesta.*

Luego el hombre dijo, "Pero mi secreto es, mastique sus palabras antes de escupirlas de su boca".

No estaba seguro que había escuchado correctamente así que le dije, "¿Disculpe?".

Fue entonces que repitió, "Tienes que tener cuidado con lo que dices".

"Me gusta", acoté, asintiendo con mi cabeza.

Entonces la mujer agregó, "Usted necesita sentido del humor, y no irse a dormir enojado".

Me gustaron sus comentarios, especialmente lo de "masticar tus palabras antes de escupirlas". Estoy totalmente de acuerdo porque las palabras pueden herir o elevar. Con las palabras podemos bendecir o maldecir. Cuando se usan las palabras equivocadas, se hieren sentimientos se hace daño. En el libro de instrucciones de Dios, la Santa Biblia, Él nos habla mucho acerca de las palabras porque éstas son una parte vital en nuestras vidas. Por ello está escrito, "Las palabras matan, las palabras dan vida; son veneno o fruto—usted escoge" (Proverbios 18:21 Traducción libre de la Biblia El Mensaje).

Sin embargo déjeme decirle que lo que realmente me llamó la atención fue lo primero que el hombre me dijo acerca de que un matrimonio debe ser entre un hombre y una mujer. Como ministro y embajador de Dios, interpreto Sus estatutos y sus mandamientos. No juzgo ni condeno a nadie; en el cielo habrá juicio así que se lo dejo a Él. Pero como interpreto la verdad en Sus estatutos, es claro que es incorrecto que seres humanos del mismo sexo se casen. No soy yo quien dice que es incorrecto, solo estoy diciendo lo que Dios nos ha dicho.

Sabemos que Dios creó seres humanos masculino y femenino. Él creó a Eva de la costilla de Adán y se la dio como su ayuda idónea y se la dio por esposa. Dios hizo a la mujer del hombre y le dijo, "Sean fructíferos y multiplíquense". De cerca, fácilmente podemos ver que el proceso de multiplicación es entre hombre y mujer. Dios dio la semilla pero requiere de lo masculino y femenino para que se reproduzca. No hay un género humano que lo pueda hacer solo. Dios creó al hombre y le dio una semilla pero ésta tiene que ser plantada en unidad con una mujer para que sea capaz de multiplicarse. Nuestro trabajo es el de plantar, y Dios hace el milagro de crear nueva vida.

En estos tiempos, hay muchos matrimonios entre personas del mismo sexo. Detengámonos un momento para observar esto. Para que las mujeres tengan bebés, necesitan de la semilla masculina o espermatozoide. Si una pareja de mujeres quiere tener un bebé, necesitan del esperma de un hombre para reproducirse. Es cierto que la ciencia es tan sofisticada y avanzada en estos días que existe la posibilidad de inyectar la semilla masculina dentro del útero pero Dios no lo diseñó de esa manera. Le dio a la mujer un útero como protección para que el bebé crezca y desarrolle, un bebé que comienza a existir luego que la simiente de un hombre ha sido plantada allí.

Psicológica y biológicamente, si una pareja de mujeres reproducen utilizando el esperma de un hombre, estarán criando el bebé de otra persona. Ellas no sabrían que esperar especialmente si utilizan esperma de un banco de espermas. ¿Cuáles son las posibilidades que el recién nacido se parezca a ellas? Lo mismo se aplica en el caso de la unión de dos hombres; ellos tendrían que obtener un ovulo femenino para poder reproducir y enfrentarían similares situaciones a las que enfrentan las parejas de mujeres.

Las Escrituras nos proveen una lista de aquellas cosas que son abominación para nuestro Creador: "Inmoralidad sexual, impureza, pasiones sensuales, idolatría, hechicería, hostilidad, peleas, celos, arrebatos de furia, ambición egoísta, discordias, divisiones, envidia, borracheras, fiestas desenfrenadas y otros pecados parecidos." Permítanme repetirles lo que les dije antes:

"cualquiera que lleve esa clase de vida no heredará el reino de Dios" (Gálatas 5:19-21).

La inmoralidad entre personas del mismo sexo es tan mala como la fornicación y el adulterio. Jesús no vino para deshacerse de la ley o los mandamientos, sino a darles cumplimiento. Jesús vino a salvar, amar y perdonar al mundo, no para condenarlo o destruirlo. Él dijo claramente que el matrimonio es la unión entre un hombre y una mujer, así que no voy a entrar en una discusión sobre esto o profundizar en teología. Si teme al Señor, una relación entre personas del mismo sexo no debe estar en su mente, corazón o cuerpo. No debe tener parte en su vida. Si usted cree que la Palabra de Dios no es más que la verdad viva, no tolerará ninguna de estas cuestiones de inmoralidad, pero recuerde que nuestra lucha no es contra las personas, sino contra las fuerzas espirituales luchando por nuestras vidas, mentes, corazones y almas.

Déjeme recordarle que desde el principio Dios creó masculino y femenino—nada intermedio—y Él nos dijo que nos multipliquemos.

Masculino + femenino = multiplicación
Masculino + masculino = no multiplicación
Femenino + femenino = no multiplicación

¿Quién tiene razón: Dios o los que piensan de otra manera?

Dios no creó al hombre en cualquiera de sus estados defectuosos. Él no creó al borracho, al drogadicto, al adúltero, al fornicario, al mentiroso, al tramposo, o al corruptor, pero todas estas cosas han sido aprendidas y desarrolladas a lo largo de la vida de las personas por las malas influencias y los malos espíritus. Dios nos creó únicos, somos maravillosa y magníficamente creados. Si hay algo que nos molesta o nos frena, hay que recordar que tenemos un Dios Padre con el que todas las cosas son posibles. Si estamos sufriendo de cualquier tipo de adicción, lo único que tenemos que hacer es clamar a Dios, confesarnos a Él, pedirle perdón para que nos guie y seremos sanos.

No hay nada que la sangre de Jesús no pueda hacer. Ella lava todo pecado, y con ella estamos perdonados. Todo lo que tenemos que hacer es reconocer y confesar nuestros pecados y recibir el perdón de Jesús, entonces seremos sanados. Muchas personas han descubierto esta verdad y han sido liberados de la pornografía, el adulterio, la embriaguez, la drogadicción, la fornicación, las relaciones entre personas del mismo sexo, y cualquier otra cosa que usted puede nombrar. Con Dios todas las cosas son posibles.

Muchas personas se identifican así mismas de acuerdo con su forma de sentir. Una persona que se emborracha se identifica como un borracho, alguien que practica la fornicación entre personas del mismo sexo se identifica como gay, lesbiana u homosexual, y así sucesivamente. Pero ¿Sabía usted que Dios no hizo a nadie de esa manera? La gente practica conductas que aprendieron o se dejaron influenciar de los demás siendo alentados por los malos espíritus. Recuerde, nuestro Padre celestial nos hizo perfectos, nos hizo a Su imagen. Cuando hacemos algo malo, nos alejamos de Él.

Pero Dios amó tanto al mundo que envió a su Hijo Jesucristo para salvarnos de toda cautividad que el mal ha engendrado en nosotros. Jesús no vino para los que están bien, sino para los quebrantados de corazón, los pecadores, los enfermos, los oprimidos—Él vino por usted y por mí. Todos le hemos fallado, y todos estamos en necesidad de un Salvador. No hay uno de nosotros, que sea autosuficiente—ni uno. Con nuestra naturaleza pecaminosa, no podemos entrar en la presencia de Dios. Necesitamos a Jesús, porque Él es el único camino al Padre. Jesús es el único que vino del cielo a la tierra, nació, murió y resucitó, y ahora está de regreso en el cielo sentado a la diestra de Dios Padre. Lo necesitamos para entrar en la presencia del Dios Todopoderoso.

Capítulo 11

Cómo obtener el favor del Señor

*M*uchos de nosotros recordamos las bendiciones que Dios ya ha provisto y oramos a Dios todopoderoso cada día por más bendiciones. Cuando no vemos respuestas pedimos a Dios por la misma cosa una y otra vez como si Él no nos hubiera escuchado la primera vez. Sí, el Señor nos ha dicho "Pedid, y se os dará, buscad, y hallaréis, llamad y se os abrirá" (Mateo 7:7 RV). Él responderá a nuestra fe y obras, porque la fe sin obras está muerta. Sin embargo, si somos desobedientes y estamos rompiendo sus reglas, va a ser un poco difícil que consigamos lo que queremos.

Mi esposa estaba compartiendo conmigo la grandeza de Dios y Su gracia de la cual ella recibía a diario. Pero lo que más llamó mi atención fue algo que ella dijo: "Todo lo que hice para obtener el favor del Señor fue a reconocerlo. Cuando yo estoy uno-a-uno con Él y cuando estoy con los no creyentes y otras personas, le doy todo el honor, alabanza y gloria. Yo les digo que yo sirvo a un Dios vivo, un Dios todopoderoso, creador del cielo y de la tierra". Después que ella terminó de compartir conmigo, el Señor me recordó que para que podamos encontrar Su favor, debemos seguir Sus pasos, alabándole y dándole la gloria delante de los demás.

Nuevamente la historia de José vino a mi mente, y recordé que José alabó, glorificó y sirvió a Dios nuestro Señor en los buenos y en los malos tiempos, aún cerca a la muerte. José alabó a Dios frente a todos, incluyendo Faraón, el Rey de Egipto y recibió favor del Señor a cada paso del camino.

Si estamos buscando el favor del Señor, la gente debe saber que servimos a alguien superior que nosotros. Cuando ellos lo saben, lo creerán y es allí cuando el favor de Dios viene a nosotros.

José dio su alabanza, tiempo, confianza y fe al Señor, y como recompensa, Dios lo bendijo abundantemente en todo lo que él hacía. El favor de Dios viene cuando obedientemente lo buscamos, le servimos, y permanecemos en Él en oración y en su Palabra, según lo que Dios mismo ordenó: "Este libro de la ley no se apartará de tu boca, sino que meditarás en él día y noche, para que guardes y hagas conforme a todo lo que en él está escrito. Porque entonces harás prosperar tu camino, y luego todo te saldrá bien" (Josué 1:8).

Cuando hablo sobre el favor, no estoy hablando sobre bendiciones financieras sino sobre aceptación y las bondades del Señor. El Diccionario Webster en una traducción libre, define la palabra favor como "un acto de bondad; amabilidad dada u otorgada; benevolencia mostrada por palabra o hecho; acto de gracia o de buena voluntad; a diferencia de justicia o remuneración". La Biblia está llena de ejemplos de muchos personajes que encontraron este tipo de favor de parte del Señor. Éstos son solo algunos:

— Abel le trajo a Dios la primera ofrenda y Dios lo aprobó (Génesis 4:4).

— "El niño Samuel crecía en estatura física y en el favor del Señor y en el de toda lagente" (1 Samuel 2:26).

— "El hombre que haya esposa encuentra un tesoro y él recibe el favor del Señor" (Proverbios 18:22).

La sabiduría es encontrar el favor del Señor, y eso significará favor en el matrimonio. Permanecer en el Señor es la llave que abre todas las puertas para obtener de esta sabiduría y como resultado, obtener el favor de Dios. Como está escrito: "Porque el que me halla [la sabiduría] encuentra la vida, y obtiene el favor del Señor" (Proverbios 8:35). Cuando recibimos ese favor, comenzamos a experimentar un matrimonio bendecido.

La clave para un matrimonio bendecido

La clave para experimentar un matrimonio bendecido tiene mucho que ver con la uva y la vid. Las relaciones pueden ser muy complejas, sin embargo, lo que las hace avanzar en la vida se puede encontrar en una simple verdad.

Greg Brezina de Familias Cristianas de Hoy compartió una historia sobre la clave para un matrimonio bendecido de la siguiente manera:

> En la reciente recepción de una boda, felicité a los recién casados y les animé a experimentar un matrimonio bendecido por el resto de sus vidas. Luego les cité un verso de la Biblia. Debido que habían otros esperando para saludarles, no les expliqué el verso, sólo les di las gracias por invitarnos.
>
> Mientras me alejaba, pensamientos condenatorios entraron a mi mente: "Es un poco

simplista el decirles que la clave para experimentar un matrimonio bendecido se encuentra en un solo versículo de la Biblia. El matrimonio es una relación muy compleja, y lo hiciste sonar tan simple." Inmediatamente, el Espíritu rompió a través de estos pensamientos: "Lo que has compartido con la pareja era cierto y simple. Sigue compartiendo la verdad, y hazlo de manera simple".

El versículo que compartí fue Juan 15:5, donde Jesús dice: "Yo soy la vid, vosotros los pámpanos; el que permanece en mí, y yo en él, éste lleva mucho fruto, porque separados de mí nada podéis hacer". En este versículo, Jesús comparte una imagen de manera que nuestras mentes pueden comprender mejor una verdad espiritual. Vamos a visualizar esta imagen.

En primer lugar, imagine una enorme parra que sale de la tierra. Ahora ve una rama fuerte y saludable creciendo de la vid. Finalmente, ve un gran racimo de uvas que cuelgan de la rama. ¿Tiene la imagen en su mente? Ahora pregúntese: "¿Qué tiene que hacer la rama con el fin de tener un racimo de uvas tan grande? ¿Cuántas funciones y disciplinas tienen que ser llevadas a cabo? ¿Cuánto trabajo requiere ser hecho por la rama?" Las respuestas son obvias. La rama no tiene que hacer nada para tener el fruto. No tiene que trabajar duro, luchar o esforzarse más. Debido a que la rama permanece en la vid, la vida de la vid fluye de forma natural a través de la rama y produce un enorme racimo de uvas. Simple, ¿verdad? En este versículo, permanecer es una palabra fundamental. El libro Concordancia de Strong lo define como "quedarse, continuar, vivir, soportar, permanecer y estar firme" (Concordancia Exhaustiva de Strong). El apóstol

Juan también define permanecer cuando escribe: "En esto conocemos que permanecemos en Jesús y Él en nosotros, por el Espíritu que nos ha dado." (1 Juan 4:13)

Debido al espíritu, Cristo permanece, se queda, o está en nosotros y permanecemos, moramos y soportamos en Cristo. Este permanecer comienza con la salvación. Cuando creemos, Jesús elige permanecer en nosotros (Juan 17:16) y se sella asimismo dentro de nosotros por su Espíritu. (Efesios 1:13, 4:30; 2 Corintios 1:22) Nosotros permanecemos en Él, porque el Espíritu vive en nosotros. Sin embargo, experimentamos permanecer en Cristo cuando elegimos a "caminar según el Espíritu" (Romanos 8:4) o "ser guiados por el Espíritu". (Romanos 8:14).

Permanecer no es tratar de agradar a Dios cumpliendo deberes religiosos y disciplinas tales como orar, leer la Biblia, memorizar las Escrituras, asistir a los servicios, el diezmo, evangelizando o luchando para superar algún hábito pecado. Zacarías entendió esta verdad cuando escribió: "No con ejército (actividad personal) ni por la fuerza (fuerza personal) (*Concordancia Exhaustiva de Strong*), sino con mi Espíritu, dice el Señor." (Zacarías 4:6)

El esposo y la esposa experimentarán el permanecer en Jesús cuando eligen pensar los pensamientos del Espíritu. (Romanos 8:6). Cuando toman esta decisión, ambos creen que la vida de Cristo fluirá a través de ellos. Su comportamiento será la imagen de Cristo (2 Corintios 3:18) y será espontáneo, natural y normal. Este es el agua viva a la que Jesús se refiere cuando dice: "El que cree en mí. . . de su interior correrán ríos de agua viva"

(Juan 7:38). Cuando la pareja permite que el Espíritu fluya a través de ellos, producirán espontáneamente el fruto del Espíritu de amor, gozo, paz, paciencia, benignidad, bondad, fe, mansedumbre, y el control de sí mismo (Gálatas. 5:22-23) en todo lo que hagan. El marido, naturalmente, optará por dar amor incondicional a su esposa como Cristo da su amor a su novia, y la esposa, naturalmente, elegir dar el respeto incondicional a su esposo como la novia de Cristo lo respeta. (Efesios 5:33).

¿Suena esto demasiado simple? Para las parejas que han sido profundamente heridas y están sufriendo, puede parecer imposible. Para las parejas que están viviendo en negación, les puede parecer como un juego de palabras. Pero, por favor, tome un momento y medite en la asombrosa gracia de Dios. Jesús dice: "Todas las cosas son posibles para la pareja que cree" (Mateo 9:23). Si una pareja cristiana sólo conoce estas verdades, pero no las cree (1 Juan 4:16), nunca experimentarán un Matrimonio Bendecido.

La única otra opción para las parejas cristianas es la de escoger ser engañadas en sus pensamientos por el enemigo. (Efesios 6:12), caminar en la carne (por ejemplo en ira, discusiones, confusión, aislamiento) (Gálatas 5:19-21), vivir en negación (aparentar tener un matrimonio bendecido), y entristecer al Espíritu (Efesios 4:30). Jesús dice estas opciones no llegarán a nada.

¿Desea experimentar un matrimonio bendecido cada día por el resto de su vida? Crea cuando Jesús dice: "Yo soy la vid; ustedes son las ramas. Los que permanecen en Mí y yo en ellos producirán mucho fruto porque separados de Mí, no pueden hacer nada" (Juan 15:5).[1]

El matrimonio hace feliz al Señor

El matrimonio es una institución y una declaración, una unión sagrada hecha por Dios. Se trata de un mandato, un pacto entre un hombre y una mujer. El matrimonio hace feliz al Señor, así que tenemos que esforzarnos por agradarle en él. El matrimonio, como el dar, es una ley que no debe romperse.

¿Cómo está tratando su matrimonio? ¿Está dando lo mejor de sí? ¿Está usted alineado con Dios? ¿Está Dios feliz y satisfecho con su matrimonio? ¿Ha dedicado su matrimonio al Señor? ¿Permanece su matrimonio en Él? Su matrimonio será bendecido y agradable a Dios sólo después de comprometerse con Él y darle lo mejor de lo mejor.

Servir en amor y mostrar honor y respeto a nuestro conyugue le place a nuestro Creador. Vivir en armonía y estar de acuerdo el uno con el otro le place a nuestro Señor Dios. Siendo uno en mente y espíritu le place a nuestro Padre Dios. Cuando Él está complacido, Él nos da de Su favor.

Favor del Señor

El favor de Dios resulta de permanecer y someterse a Él. Un muy buen ejemplo de favor de Dios está presentado en la popular película *Enfrentando a los Gigantes*. Luego de buscar, someterse y seguir a Dios, un esforzado entrenador enfrenta mucha oposición en su vida. Luego de una temporada perdedora, es criticado por los jugadores, padres, y aficionados. Los miembros del equipo están comenzando a dejar el equipo. Además de todos los problemas que enfrenta en la escuela, él y su esposa están luchando con la incapacidad de tener un hijo.

Una mañana temprano, va al médico y descubre que él es la razón por la cual su esposa no puede tener hijos. Regresa a la escuela y esa noche el equipo vuelve a perder. Al quedarse hasta más tarde ese día, descubre que los padres de los jugadores del equipo estaban teniendo una reunión para removerlo de su posición como entrenador.

Llegando a casa más tarde de lo usual, saludó a su esposa. De alguna manera preocupada por lo tarde que su esposo había llegado pero con un corazón amoroso y una gran sonrisa en su rostro se sienta a la mesa con él. Se le ve exhausto, y es obvio que está sintiendo una gran cantidad de presión en su vida. Él comienza a hablar diciendo que todo lo que les está ocurriendo es debido a él. El hecho que no tenga un lugar decente donde vivir o un auto, o que por su culpa no pueden tener bebés. Continua hablando y hablando y antes que termine su esposa sonríe y dice, "Brad, todo va a estar bien. Te amo".

La comunicación de esta pareja me sorprendió. El marido no le escondió una sola cosa a su esposa, y ella a cambio lo apoyó incondicionalmente. ¿No le gustaría tener a alguien así en su esquina, alguien quien le anime en lugar de juzgarle, que le entienda en lugar de que le grite, que le levante en lugar de empujarle hacia abajo? ¿No sería maravilloso tener un cónyuge que le exalte en lugar que lo denigre, que le ame en lugar de que abuse de usted, alguien que le recuerde que Dios es más grande que cualquier problema y que con Dios todas las cosas en verdad son posibles, que es Dios quien suple todas nuestras necesidades?

En la siguiente escena es temprano en la mañana y Brad está orando buscando respuestas en la Biblia. Su esposa se despierta y se da cuenta que su esposo no está en la cama y cuando lo encuentra leyendo la Biblia, inmediatamente mira hacia el cielo, se arrodilla y comienza a orar. Dos son mejor que uno, la Biblia lo dice. ¿Quién no quisiera tener un apoyo físico y espiritual como este? ¿Quién no quisiera tener un matrimonio piadoso donde Dios es el centro?

Ultimadamente, Brad le entrega todos sus problemas a Dios y en retorno, el Señor le provee con un auto nuevo, hace posible que su equipo gane el campeonato y bendice a Brad y a su esposa con un bebé. ¡Éste es el favor del Señor!

Pasos para convertirse en uno

No creo que exista una específica hoja de ruta para convertirse en uno, porque cada pareja es diferente. Todos estamos en diferentes niveles en nuestros matrimonios. No obstante, voy a compartir los pasos que tomé en mi propio proceso para convertirme *una sola carne* con mi esposa. Espero que les sean útiles:

1. Me entregué por completo al Señor.
2. Dediqué mi matrimonio 100 por ciento al Señor.
3. Ya que el amor todo lo vence, decidí amar a mi esposa incondicionalmente.
4. Hice un esfuerzo de desarrollar más paciencia.
5. Hice de la comunicación una gran prioridad.
6. Aprendí a oír y escuchar a mi esposa.
7. Aprendí a guardar silencio cuando es necesario.
8. Me entregué por completo al Señor y Su plan para mi matrimonio.
9. Oré por mi esposa, y decidimos tener un tiempo de oración juntos.
10. Pasamos tiempo juntos.
11. Hago un esfuerzo por entender sus necesidades y aplicar su lenguaje de amor.
12. Me he propuesto el disfrutar de mi pareja.
13. Separo tiempo para pasar tiempo con mi familia

Cada vez que comparto mi historia desde el momento que me casé hasta hoy en día, digo a todos que el amor que sentía por mi esposa no era tan grande en el inicio como lo es en la actualidad. De hecho, en una escala del uno al diez, mi amor por ella era probablemente un cinco. ¿Por qué tan bajo? Bueno, como he dicho antes, todo el mundo está en un nivel diferente. He visto algunos matrimonios que comienzan con diez en la escala, pero fallan y no se mantienen en ese nivel. Si no se tratan entre sí correctamente o fallan en cumplir con su Creador, las parejas pueden perder ese amor e incluso terminar divorciándose. Con los años, su nivel de intimidad disminuye a causa de la falta de amor, problemas de comunicación, y dejar a Dios fuera de la ecuación.

Como he dicho, mi matrimonio empezó con un cinco en la escala, pero con el paso de los años, de acuerdo a como se corregía mi alineación con Dios, el nivel de amor por mi esposa ascendió hasta convertirse en un diez en la escala, hasta el punto rebosante. ¿Por qué? Porque aprendí a no tratar de hacer las cosas en mi matrimonio a mi manera sino que invité a Dios a dirigir mis pasos para mantener mi matrimonio unido, y Él lo hizo.

Amo a mi esposa más hoy que en el comienzo de nuestro matrimonio, porque mi relación con el Señor es más fuerte. A medida que creció mi relación con mi Señor, también creció mi relación con mi ayuda idónea, mi esposa. Éste ha crecido de forma exponencial de un cinco a un diez porque amo al Señor más hoy que cuando me casé con mi esposa. Como resultado, mi amor por el Señor se ha reflejado en el amor por mi esposa. Estamos cosechando las recompensas y el favor de Dios, cada uno y todos los días de nuestras vidas. Como *una sola carne*, hemos aprendido a depender de Él en todas nuestras obras, y ¡si nosotros podemos hacerlo, cualquiera puede hacerlo!

Un Día de Boda

El verano pasado tuve el honor de asistir a la boda de mi prima. Se llevó a cabo en Disney. A medida que mi familia y yo estábamos llegando al lugar y veíamos Disney tan cerca, dije, "¡Wow, mi prima se iba a casar en un palacio, como una princesa!" Digo esto porque el hotel se llamaba Lake Buena Vista Palace. Déjenme decirles, ella parecía una princesa. El día ciertamente evoca un gran recuerdo de cuando nos casamos mi esposa y yo.

Algunos minutos luego de llegar al salón de ceremonias escuché al predicador leer del *Manual del Ministro Nelson*:

"Queridos hermanos, estamos reunidos en la presencia de Dios para unir a este hombre y a esta mujer en santo matrimonio. Éste es un estado honorable, instituido por Dios, lo que significa para nosotros la unión mística que hay entre Cristo y su Iglesia, ese santo estado que Cristo adornó y embelleció con su presencia y primer milagro en Canaán de Galilea. De acuerdo a lo establecido en las Escrituras este acto debe ser honorable entre todos y por lo tanto nadie debe ejecutarlo de forma inconsiderada o a la ligera, sino con reverencia, con discreción, con conocimiento de causa, con templanza, y en el temor a Dios. Es en medio de éste en el cual estas dos personas aquí presentes se vienen a unir".

Luego le preguntó al novio:

"David ¿acepta usted a Jackie como su legítima esposa, para vivir juntos conforme a la ordenanza de Dios en santo matrimonio? ¿La amará, confortará, honrará y cuidará en enfermedad y salud, renunciando a todos los demás, conservándose solo para ella, hasta que la muerte los separe?"

Luego que David dijo, "Acepto" Le preguntó a la novia.

"Jackie, ¿acepta a David como su legítimo esposo, para vivir juntos conforme a la ordenanza de Dios en santo matrimonio? ¿Lo amará, confortará, honrará y cuidará en enfermedad y salud, renunciando a todos los demás, conservándose solo para él, hasta que la muerte los separe?"

Ella dijo: "Acepto"

Luego les escuché decir sus votos:

"Yo David, tomo a Jackie para ser mi legítima esposa, para tenerla y mantenerla desde hoy en adelante, para bien o para mal, en la riqueza y en la pobreza, en la enfermedad y en la salud, para amarla y cuidarla hasta que la muerte nos separe".

La novia dijo,

"Yo Jackie, tomo a David para ser mi legítimo esposo, para tenerlo y mantenerlo desde hoy en adelante, para bien o para mal, en la riqueza y en la pobreza, en la enfermedad y en la salud, para amarlo y cuidarlo hasta que la muerte nos separe".

¡Qué gran ceremonia! Me llevó de vuelta trece años cuando yo estaba escuchando las mismas palabras. Dos horas más tarde, estábamos en la recepción y escuchamos este sincero brindis ofrecido a la novia de parte de su hermana. Esto es lo que ella dijo:

"Buenas noches. Para aquellos de ustedes que no me conocen, soy Cristina, la orgullosa hermana menor de nuestra glamorosa novia. Quiero empezar felicitando a los novios y agradeciendo a todos ustedes por haber venido hoy aquí. Cuando miro a la novia y el novio, siento un torbellino de emociones. Sé que Jackie ha encontrado su verdadera pareja, y sé que el suyo será un matrimonio que durará. Mi corazón rebosa de amor por ustedes dos hoy. Sé que tienen una maravillosa aventura por delante, y con la bendición de Dios, su matrimonio va a durar décadas.

No conozco a David de antes de que comenzara su relación con mi hermana, así que no les puedo contar historias horribles sobre él, pero les puedo decir que creo que es perfecto para mi hermana. Es tolerante, interesante, fácil de sostener una conversación, tiene un gran sentido del humor. Estamos muy contentos de recibir a David en nuestra familia. Sabemos que él está ha hecho para nosotros, y esperamos que estemos hechos para él.

Jackie, quiero destacar lo guapa que estás hoy, y quiero decirles que éste ha sido realmente día especial para mí. Gracias por darle un verdadero sentido a la palabra *hermana* y por compartir los últimos veinte y un años de mi vida.

Cuando pienso en nuestras aventuras, no tengo más que buenos recuerdos. Siempre nos las hemos arreglado para mantenernos riendo. Pensé en el consejo que me gustaría dar a los recién casados y esto es lo que deseo compartir: los dos secretos de un matrimonio duradero y feliz son buen sentido del humor y mala memoria, Cada vez que estés equivocado, admítelo. Siempre que tengas razón, mantente en silencio. David, recuerda siempre, esposa feliz, vida feliz.

Mis deseos para Jackie y David son que tengan una continua amorosa amistad y vida conyugal, que gocen del éxito y de la risa, que sean bendecidos con hijos, y que siempre se vean y se hablen con el corazón. Pero mi mayor deseo para ustedes dos es que a través de los años, el amor del uno por el otro se profundice y crezca. Que dentro de unos años, puedan mirar hacia atrás en este día, el día de su boda, como el día en el cual se amaban menos de lo que se amen en ese momento.

Vivan cada día y aprecien su tiempo juntos. Ámense el uno al otro y manténgase unidos. Tómense el tiempo para conversar. Pon tu amor y a tu familia en primer lugar, tu trabajo y tus aficiones en segundo lugar. Que tu amor sea como el viento, lo suficientemente fuerte como para mover las nubes, lo suficientemente suave para nunca lastimar, pero siempre interminable. Así que esto es por el amor, la risa y que sean felices para siempre. ¡Salud!"

Capítulo 12

El día que nunca olvidaré

E ra el 12 de septiembre de 1999 en Freeport, Nueva York. Era la una de la tarde, en un soleado día con una temperatura de ochenta y cinco grados. Era un día un tanto cálido y húmedo, pero dentro de mí, me sentía como si la temperatura fuera de más de cien grados. Un día que nunca olvidaré—el día de mi boda.

Miré mi reloj, era la 1:30 de la tarde. Había estado esperando a mi futura esposa durante treinta minutos. Nervioso, impaciente, emocionado—todo al mismo tiempo. Mientras caminaba de un lado al otro en la parte de atrás de la iglesia acompañado de dos de mis primos, un pensamiento de repente me vino a la mente: *¿Debo seguir esperando, o debo ir a casa?* No le di importancia al pensamiento, porque sabía que no venía de Dios. Seguí esperando.

A lo lejos pude ver a todos los invitados y familiares ya sentados y al pastor preguntando por qué no habíamos comenzado la ceremonia. Muchos pensamientos estaban dando vueltas rápidamente en mi mente, como *Hoy voy a casarme con la joven que Dios me dio*, y *hoy voy a salir de mi madre y de padre para mudarme a mi casa propia con mi esposa*. Pronto me di cuenta de

143

mi tiempo ahora sería dividido en dos. Ya no sería el 100 por ciento de mi tiempo a solas, ahora tendría que aprender a compartir mi vida y tiempo con mi esposa.

En ese día de septiembre, mi novia y yo no sabíamos nada sobre el matrimonio. No habíamos asistido a clases pre-matrimoniales, así que no sabíamos qué esperar. Creo que hemos aprendido sobre la marcha. Fue difícil, porque todo lo que sabíamos era que íbamos a casarnos, vivir juntos, dormir juntos, hacer cosas juntos y pasar tiempo juntos. Antes de nuestra boda, no teníamos tiempo para aprender, o tal vez no fuimos conscientes de la existencia de clases pre-matrimoniales o no estábamos dispuestos a asistir a ellas. Durante un año, mi esposa estaba ocupada planeando la boda, por lo que su mente estaba centrada en el vestido y todos los detalles relacionados con la boda. Ninguno de nosotros tenía tiempo para pensar o para aprender sobre el matrimonio y cómo vivirlo.

Durante este tiempo, mi mente estaba ocupada con pensamientos de la luna de miel, soñando con ir a un lugar exótico, romántico y emocionante. Era mi trabajo el elegir el destino de nuestra luna de miel, y elegí Venecia, Italia. Escogí Venecia porque me encanta viajar internacionalmente, e Italia había sido durante mucho tiempo uno de los lugares favoritos que yo esperaba visitar algún día. Había visto los videos de Venecia y estaba fascinado por el agua, los edificios, las calles hechas de agua, los taxis acuáticos y las góndolas. Sólo podía imaginar lo que sería realmente. Reservé los boletos de avión y las habitaciones, y estábamos listos para ir.

A la 1:35 p.m., alguien gritó: "¡La novia está aquí! ¡La novia está aquí!" Mi corazón comenzó a bombear rápidamente, y me dije: "¿Y ahora qué hago?" Sentí una mezcla de emociones, felicidad combinada con nerviosismo. Yo sólo había visto las ceremonias de matrimonio en la televisión, así que no sabía qué esperar. Pero llegó el momento, y allí estaba ella—caminando por el pasillo con una dulce sonrisa en su rostro, hermosa como solo ella podría estar. La luz del sol radiante que filtraba a través de la ventana de la iglesia tocó delicadamente el cabello de mi novia con su dorado color dándole un aspecto luminoso y brillante. Su esplendor era claro y puro, como una fotografía bien tomada.

Yo estaba de pie junto a mi padrino, mi hermano, y el pastor que estaría a cargo de la ceremonia estaba a mi lado mientras yo experimentaba este momento único e inolvidable. La niña con las flores estaba lanzando los pétalos en el aire, los cuales caían lentamente al suelo, por donde la novia iba a pasar. Lentamente mi novia se acercaba más y más hasta que finalmente estuvo delante de mí. El pastor hizo una breve introducción a la ceremonia de la boda y presidió nuestros votos matrimoniales. Ese día me sentí tan bien en mi interior. La paz llenó mi corazón, porque yo sabía que estaba entrando en el matrimonio de la manera que Dios manda. Sentí que estaba obedeciendo al Señor.

Imaginé a Dios en el Jardín del Edén cuando introdujo la primera mujer a su esposo. En el jardín, Dios debe haber estado tan orgulloso y feliz por esa primera unión. Así es como me sentí el día de mi boda. Yo estaba tan agradecido al Señor y seguía diciendo: "Me voy a casar con la joven más hermosa en el mundo, la que Dios hizo para mí". Le dije: "¡Gracias, Señor! Gracias por el día de hoy. Gracias por darme lo que pedí".

Yo estaba emocionado porque tres años antes de conocer a mi esposa, pensé que nunca me casaría. Vi tantos matrimonios tropezando y terminando en divorcio, y yo no quería eso. Pero cuando el matrimonio es como el Señor manda, es para toda la vida. Cuando me casé, yo no sólo estaba probándolo, sino que estaba honrando a Dios con él. Hice una promesa y un compromiso con Dios, no a mi esposa, pero a mi Señor Dios, porque un año antes de que la conociera, yo había orado y pedido a Dios que me enviara a alguien porque yo estaba listo para casarme.

En septiembre de 2014, mi esposa y yo cumplimos quince años de casados, y déjenme decirles, no ha sido fácil. Ha sido una experiencia de aprendizaje para los dos. Ha sido una travesía, una travesía con muchas lágrimas y mucha oración. Fue difícil al principio porque no sabíamos en lo que nos estábamos metiendo, o lo que estábamos haciendo. Pero ahora nos hemos convertido en una pareja que sólo Dios pudo haber formado, moldeado, y dirigido. ¡Toda la gloria y la alabanza a Él!

Permítanme compartir con ustedes las cosas malas que mi esposa y yo hicimos al principio de nuestro matrimonio. Luego voy a compartir las cosas buenas, y por último pero no menos importante, el secreto de nuestro matrimonio. Espero que le ayude a construir un matrimonio sólido y duradero.

Para comenzar, en un principio mi esposa y yo tuvimos cuentas bancarias separadas. Teníamos diferentes sueños y metas en la vida y no nos comunicábamos bien el uno con el otro. Nosotros no compartíamos nuestros miedos, heridas, sentimientos, sueños ni deseos. Lo más revelador de todo, es que nos faltaba unidad y conexión espiritual.

No teníamos vida de oración y teníamos diferentes opiniones con respecto a la iglesia. Me consideraba un católico devoto, y ella estaba más en la iglesia cristiana en su conjunto. Para mí, todos los que creían en Cristo eran cristianos, así que me consideraba un cristiano, pero bajo el paragua de la Iglesia Católica y su denominación.

Como resultado de nuestras diferencias, no asistíamos a ninguna iglesia. Tampoco leíamos o estudiábamos la Biblia, que más tarde nos enteramos que ese hecho significaba que nos estábamos perdiendo mucho. Hoy en día, cuando la gente nos pregunta cuál es nuestra religión les decimos que Dios nos sacó de la religión y ahora sólo tenemos una relación con nuestro

Señor Jesucristo. Asistimos a una iglesia no denominacional donde nos congregamos, y tenemos compañerismo, además de aprender más acerca del reino de Dios. Es un lugar donde la enseñanza tiene que ver con la Palabra de Dios, no la religión. Aunque hay un pastor a cargo, en realidad no tengo otro pastor que el Señor, porque Él es mi pastor (Salmo 23:1). Le decimos a la gente que la iglesia no va a salvar a nadie, es sólo un lugar donde nos equipamos y aprendemos más acerca de Él. El único Salvador es Jesucristo, que dio su vida para que nosotros vivamos, que resucitó de entre los muertos, para que podamos ser transformados a Su imagen y disfrutar de la vida eterna. Jesús está sentado en gloria a la diestra de Dios Padre, preparando un lugar para los que nos reuniremos con Él.

Yugo Igual

En mi travesía hacia convertirme en uno con mi esposa, me di cuenta de que porque teníamos diferentes puntos de vista acerca de religión e iglesia, estábamos tirando cada uno para su lado. Yo quería ir a mi iglesia, y ella quería ir a la suya. Reinaba la confusión, y para evitar desacuerdos, no íbamos a ninguna. Éramos bebés espirituales. Teníamos una religión, pero no una relación con Dios, ni siquiera leíamos la Palabra de Dios. Como resultado, nos sentíamos distantes de Él. Pero gracias al Señor, porque ahora estamos en yugo igual, y servimos y adoramos al verdadero Dios como uno solo.

El predicador Adrian Rogers dijo una vez, "Existen dos religiones en el mundo, la verdad y la falsa". Estoy totalmente de acuerdo. ¿Cuál está siguiendo? Mire las Escrituras en 2 Corintios 6:14-18. La traducción libre de la Biblia El Mensaje lo presenta de la siguiente manera:

No se asocien con los que rechazan a Dios. ¿Cómo puede asociarse el bien con el mal? Eso no es colaboración, eso es la guerra. ¿Es la oscuridad la mejor amiga de la luz? ¿Se ve a Cristo paseando con el diablo? ¿Acaso la confianza y la desconfianza van de la mano? ¿Quién iba a pensar en colocar ídolos paganos en el sagrado templo de Dios? Eso es exactamente lo que somos, cada uno de nosotros un templo en el que Dios vive. Dios mismo lo dijo de esta manera:

"Voy a vivir en ellos, entrar en ellos;
Seré su Dios y ellos serán mi pueblo.
Así que deja la corrupción y comprométete;
déjala para siempre ", dice Dios.
"No te vincules con los que te van a contaminar.
Te quiero solo para mí.
Seré un Padre para ustedes;
y serán para mí hijos e hijas".
La Palabra del Señor, Dios.

Tener claridad en este asunto era una cuestión importante para mí porque yo estaba siguiendo una religión que había heredado de mi familia. Yo estaba tan acostumbrado a ello, que me fue difícil dejarlo ir. Pero con Dios todo es posible. Él fue capaz de eliminar la religión de mi parte y reemplazarla con una relación con Él. Ahora mi esposa y yo somos muy bendecidos de no seguir ninguna religión, sino a un Salvador, nuestro Señor Jesucristo.

El secreto de amar a mi esposa

Como he dicho antes, la razón por la que amo a mi esposa más hoy que cuando nos casamos es porque conozco mejor a Dios. La amo más hoy porque mi relación con el Señor Dios es más fuerte que nunca y sigue creciendo.

A los veinte y siete años de edad, yo estaba asustado e inseguro de mi futuro. Durante más de dos años, yo había querido establecerme, tener una ayuda idónea, una compañera de vida, una esposa. Yo había aprendido que tenía que ser muy específico cuando se le pide algo a Dios. Recuerdo el diálogo con Dios diciendo: "Tengo que dejar de salir sólo para salir. Tengo miedo de tantas enfermedades que puedo contagiarme. Yo no quiero ir a la tumba debido a la enfermedad sexual. Me quiero casar".

Recuerdo haber tomado un pedazo de papel, un lápiz y haber escrito veinticinco cualidades que yo estaba buscando en una pareja. En primer lugar, quería a alguien que me amara por lo que soy, alguien que me respetara, alguien en quien pudiera confiar. Al final de la lista, incluso escribí que quería a alguien con el cabello largo y ondulado hasta la cintura, y que fuera una o dos pulgadas más baja que yo. Esa fue la lista que hice, oré al respecto, y se la presenté al Señor.

Quiero decirle una cosa, después de la oración, no salí a buscar a mi compañera. Yo sabía que se la había pedido a Dios y creía que Él me la iba a enviar. Podría haber salido y hecho la búsqueda por mí mismo, pero no lo hice. Un año más tarde, allí estaba ella—mi futura esposa.

¿Cómo supe que ella era la elegida? Bueno, la primera vez que la vi, yo estaba saliendo y ella estaba entrando en el mismo edificio de apartamentos en Long Island, Nueva York, donde yo estaba viviendo en ese momento. Le dije hola, y ella sonrió, me dijo hola y continuó su camino. Lo primero que salió de mi boca fue: "¡Wow, qué humilde muchacha de buen aspecto, y decente! No me molestaría alguien como ella". A partir de ese momento, ella estaba en mi mente.

Descubrí que había estado visitando a su hermana, así que hablé con su hermana para saber más sobre ella. Su hermana me explicó: "Ella acaba de salir de la universidad y trabaja a tiempo parcial, pero ella está buscando algo más que hacer".

Eso sonó en mi cabeza y le dije, "Yo trabajo con gente de negocios, y algunos están buscando ayuda". Intercambiamos números de teléfono, y eso fue todo.

Algunos días después, estaba tomando una siesta a las cuatro de la tarde. Mi regla era que si yo estaba durmiendo, no se me despertaba por nada, no importa quién estuviera buscándome o llamándome. En esta oportunidad, mi mamá rompió la regla cuando entró en mi habitación para decirme que tenía una llamada telefónica. Con una mirada aún preocupada pero feliz (porque sabía que estaba rompiendo mi regla y no sabía qué esperar), me dijo: "¡Rob, Gloria, la hermana de María te llama!"

Desperté desorientado y confuso. ¿Qué? logré decir en voz alta.

"Tienes una llamada", dijo mi mamá una vez más.

Tomé el teléfono y dije hola. Al otro lado de la línea, una joven dijo, "Hola. Mi nombre es Gloria, y mi hermana me dijo que tu compañía está expandiéndose y está buscando nuevos trabajadores".

"Si, están buscando". Contesté. "Necesitamos reunirnos para hablar de los detalles. ¿Qué te parece mañana?"

"Si. Estaré allí", respondió.

Nos conocimos y nos hicimos socios de negocios durante todo un año. Éramos socios y amigos—nada más—aunque yo sentía que ella estaba buscando algo más que una amistad. Durante ese año de trabajar juntos, descubrí que esta joven era diferente. Estaba orientada a objetivos muy centrada. Ella era muy profesional e iba hacia el logro de sus objetivos, además también era impulsada por Dios. Observando todas estas cualidades, me dije a mí mismo, *Podemos hacer y lograr grandes cosas juntos.*

Pero yo estaba concentrado en el negocio en este momento. Yo estaba buscando hacer crecer un negocio, no una familia—al menos no en ese momento. Sin embargo, ella me invitaba a ir a la playa, dar un paseo, ir al cine, o hacer alguna otra cosa con ella, y yo pensaba: *¿Qué es esto?* Quiero decir, no era que me molestara ir a todos estos lugares con ella, pero algo me estaba conteniendo de establecer una relación con ella.

Mirando hacia atrás en la lista que había hecho, llegué a la conclusión que no era la persona que le había pedido a Dios porque ella era de seis a ocho pulgadas más baja que yo, y su cabello era sólo hasta los hombros, y no hasta la cintura. Así que yo no la invité a salir, porque era evidente que no era la que Dios tenía para mí. Un año más pasó, y aún continuábamos sólo siendo socios comerciales. En ese tiempo, ella estaba dispuesta a renunciar a mí, porque yo no estaba haciendo nada que indicara mi interés personal por ella.

Finalmente dijo: "Creo que tengo que seguir adelante con mis proyectos". Cuando ella dijo esas palabras, sentí una violenta reacción dentro y pensé: *¡No, no puedes hacer eso!* Esto me hizo pensar y me di cuenta que no podía alejarme de ella. Siempre que estábamos juntos, me sentía bien y completo, y cada vez que estaba lejos de ella, me sentía incompleto, como si una parte de mí me faltara. ¡Y todo esto a pesar de que sólo éramos socios de negocios! En ese momento, me di cuenta que ella poseía veintitrés de las veinticinco cualidades que tenía en mi lista, así que tuve una conversación con Dios. Le pregunté: "Dios, ¿es ella la ideal?" Efectivamente, el Señor me mostró que de hecho ella era para mí.

Hemos estado casados durante cotorce años, y déjame decirle, mi amor por ella sólo continua creciendo. La amo hoy más que cuando nos casamos. La amo hoy más debido a mi relación con

Jesucristo. He aprendido que Dios nos dará lo que necesitamos, no lo que nosotros queremos. ¿Y sabe qué? Veo que Dios me ha dado el regalo perfecto, la esposa perfecta, el ser perfecto, la combinación perfecta para mí. Somos el uno para el otro como si nos hubieran hecho una sola persona.

El nuestro es un matrimonio hecho en el cielo, y nos hemos convertido en *una sola carne*. Eso es porque hemos dedicado nuestras vidas a Dios. Le hemos hecho el centro y guía de nuestras vidas, y en última instancia, hemos recibido el favor divino que nos ha llevado a un matrimonio bendecido.

¿Por qué digo que ella es el ser perfecto que Dios hizo sólo para mí? Pues bien, desde el momento de nuestra luna de miel y hasta el día de hoy, veo las huellas de Dios en ella. ¡Dios es en verdad el secreto *de una sola carne* para un matrimonio bendecido!

En Conclusión

*C*uando usted entienda el propósito de Dios para su vida y se reencuentre con Él, su vida se transformará para siempre. Cuando su esposa, también tiene una relación personal con su Creador, todas las bendiciones comenzarán a fluir. Cuando su esposa se deleita y está dedicada a Dios, alabe y de le gracias al Señor, porque ha hallado gracia delante de Él se han convertido en *una sola carne* con este don dado por Dios. Por supuesto, lo mismo se aplica con cualquier género sea femenino o masculino. Si usted, esposa, ha encontrado a un hombre conforme al corazón de Dios, alabe al Señor y dele a Dios toda la gloria por enviarle un hombre, un líder, un sacerdote, un ganador.

Dios es el que transforma nuestras vidas para mejor, pero cuando un esposo reconoce la transformación que ha tenido lugar en su esposa, el cielo se regocija y la tierra lo nota. Cuando la esposa de un hombre alcanza el nivel descrito a continuación, un hombre no tiene nada de qué preocuparse porque él ha encontrado a alguien en quien el Espíritu del Señor mora. Esa mujer está llena de sabiduría y amor. Ella es una esposa de valor, en el sentido de todas las formas de excelencia.

Mujer ejemplar, ¿dónde se hallará?
¡Es más valiosa que las piedras preciosas!
Su esposo confía plenamente en ella
y no necesita de ganancias mal habidas.
Ella le es fuente de bien, no de mal,
todos los días de su vida.
Anda en busca de lana y de lino,
y gustosa trabaja con sus manos.
Es como los barcos mercantes,
que traen de muy lejos su alimento.
Se levanta de madrugada,
da de comer a su familia
y asigna tareas a sus criadas.
Calcula el valor de un campo y lo compra;
con sus ganancias planta un viñedo.
Decidida se ciñe la cintura
y se apresta para el trabajo.
Se complace en la prosperidad de sus negocios,
y no se apaga su lámpara en la noche.
Con una mano sostiene el huso
y con la otra tuerce el hilo.
Tiende la mano al pobre,
y con ella sostiene al necesitado.
Si nieva, no tiene que preocuparse de su familia,
pues todos están bien abrigados.
Las colchas las cose ella misma,
y se viste de púrpura y lino fino.
Su esposo es respetado en la comunidad;
ocupa un puesto entre las autoridades del lugar.
Confecciona ropa de lino y la vende;
provee cinturones a los comerciantes.
Se reviste de fuerza y dignidad,
y afronta segura el porvenir.
Cuando habla, lo hace con sabiduría;

cuando instruye, lo hace con amor.
Está atenta a la marcha de su hogar,
y el pan que come no es fruto del ocio.
Sus hijos se levantan y la felicitan;
también su esposo la alaba:
«Muchas mujeres han realizado proezas,
pero tú las superas a todas.»
Engañoso es el encanto y pasajera la belleza;
la mujer que teme al Señor es digna de alabanza.
¡Sean reconocidos sus logros,
y públicamente alabadas sus obras!

—PROVERBIOS 31:10–31 NVI

Como la niña de las flores, Emily Hoey prima
de mi esposa, y mi sobrino Roberto (Bobby)
Hernandez como el portador de los anillos.

Confirmando nuestros votos entre sí.

Nuestra foto familiar.

Notas

Capítulo 2: En el Jardín: *Adam Didn't die the day God said he would!*
1. Ray Confort: *The evidence Bible,* (Genesis 2:17) Comentario Página 8; (Génesis 5:1-3) Comentario Página 12.

Capítulo 4: Compromiso y Votos: La definición de *compromiso*
1. Yahoo! answers, Best Answer - Chosen by Asker: answers.yahoo.com/question/index?qid=20070711010929AA0OYR4

Capítulo 8: Apostándolo Todo: *The Sexless Marriage Trap*
1. Kate Aldrich, Wife's Sexual desire trap: onefleshmarriage.com/2012/04/sexless-marriage-trap.html

Capítulo 9: Autoridad: *Are we Two or One/Are We Two Too? Yes?*
1. Kate Aldrich, onefleshmarriage.com/2012/08/controlling-sex.html
2. Kate Aldrich, One Flesh Marriage: *Are we Two or One/Are We Two Too? Yes?* onefleshmarriage.com/2011/08/are-we-two-or-one.html

Capítulo 11: ¿Cómo obtener favor del Señor? : *Key to a Blessed Marriage*
1. Greg Brezina from Christian Families Today: cftministry.org/resources/articles/article_blessed_marriage.html